Jean-Luc Marion

장뤽 마리옹 / 김동규

<컴북스이론총서>는
현대를 호흡하는 사상가들을 소개합니다.
단순한 사상의 축약, 해제가 아닙니다.
해당 사상가를 연구해 온 전문가가 직접
사상가의 핵심 키워드 10개를 뽑아 해설하고 비평합니다.
인간과 비인간, 현실과 가상, 문화와 야만의
경계를 넘나드는 모든 사상을 싣겠습니다.
오늘을 살아가는 모든 이의 나침반이 되겠습니다.

컴북스이론총서

장뤽 마리옹

김동규

대한민국, 서울, 커뮤니케이션북스, 2025

장뤽 마리옹

지은이 김동규
펴낸이 박영률

초판 1쇄 펴낸날 2025년 4월 15일

커뮤니케이션북스(주)
출판 등록 제313-2007-000166호(2007년 8월 17일)
02880 서울시 성북구 성북로 5-11
전화 (02) 7474 001, 팩스 (02) 736 5047
commbooks@commbooks.com
www.commbooks.com

ISBN 979-11-430-0089-7 04160

책값은 뒤표지에 표시되어 있습니다.

철학과 신학의 경계를 넘나드는
우리 시대의 현상학적 철학자

장뤽 마리옹(Jean-Luc Marion, 1946~)은 '우리 시대의 현상학적 철학자'다. 이러한 규정이 가능한 이유는 마리옹이 지금도 쉼 없이 왕성한 철학 작업을 펼치고 있기 때문이다. 이렇게 현상학의 최전선에서 독창적 철학을 펼치기까지, 마리옹은 프랑스의 전통적 강단 철학, 종교철학, 심지어 신학의 영역을 넘나들면서 자기만의 관점을 벼려 낸 기나긴 탐구의 여정을 거쳤다. 여기서는 이 여정에 주목해 마리옹 사상의 기본 줄기를 분류하려 한다.

마리옹 철학의 세 가지 차원

장뤽 마리옹은 누구인가? 마리옹은 어떤 얼굴을 지닌 철학자인가? 오늘날 마리옹은 탁월한 현상학자이자 탈형이상학적 신-담론과 계시 이해를 통해 종교철학과 신학에 새로운 지평을 연 철학자/신학자로 간주된다. 이 성과 덕분에 마리옹은 가톨릭교회에서 존중받는 철학자로 공인되기도 했다.

하지만 마리옹이 철학자의 길로 들어선 이래 최초로 유의미한 성과를 낸 것은 르네 데카르트(René Descartes) 연구에서다. 우리는 프랑스 철학이라고 하면 흔히 1990년대 이후 우리에게 밀물 밀려오듯 다가온 미셸 푸코(Michel Foucault), 질 들뢰즈(Gilles Deleuze), 에마뉘엘 레비나스(Emmanuel Levinas), 자크 데리다(Jacques Derrida) 등의 인물을 떠올린다. 하지만 이들 이전에 장폴 사르트르(Jean-Paul Sartre)와 모리스 메를로퐁티(Maurice Merleau-Ponty)가 있었고, 또 앙리 베르그송(Henri Bergson)이 있었다. 피에르 멘드비랑(Pierre Maine de Biran)과 같은 신체 철학의 선구자도 빼놓을 수 없다. 그리고 그 너머로 거슬러 올라가면 프랑스의 고유한 철학의 시발점이자 흔히 근대성의 문을 열었다고 평가받는 데카르트가 있다. 프랑스 강단 철학계에는 이 데카르트를 경유하지 않고서는 프랑스 철학을 논할 수 없다는 분위기가 깔려 있으며, 데카르트에 관한 새로운 해석을 내놓는 철학자는 프랑스 내에서 그 자체로 큰 명망을 얻는 것이 보통이다.

마리옹이 바로 그러한 인물이다. 마리옹은 데카르트와

근대 형이상학 연구에서 빼놓을 수 없는 페르디낭 알키에(Ferdinand Alquié)의 조교로 일하고 지도를 받으면서 데카르트에 대한 꼼꼼한 독해는 물론이고 근대 형이상학과 철학사에 관한 뛰어난 지식을 바탕으로 데카르트와 근대 철학에 대한 뛰어난 연구 성과를 내놓는다.

여기서 주목해야 할 점은 마리옹이 순전하게 형이상학적으로나 역사적 접근만을 기반으로 삼아 데카르트를 해석하지 않는다는 데 있다. 마리옹은 일찍이 마르틴 하이데거(Martin Heidegger)를 탐독하면서 하이데거의 시선을 따라 형이상학의 역사를 이해하는 법을 체화했다. 이는 자연스럽게 마리옹이 가진 가톨릭 신앙 그리고 신학에 대한 지식과도 연관을 맺는다. 비록 하이데거가 신학을 연구한 적은 없지만 존재-신-론(Onto-theo-logie)이라는 틀로 형이상학의 역사 전반을 읽어 내는 이 독일 철학자의 독특한 시선은 마리옹으로 하여금 형이상학만이 아니라 종교와 신에 대한 새로운 관점을 취하게 했다. 이러한 관점은 고스란히 데카르트 연구에도 반영되어 근대성의 문을 연 듯한 이 철학자를 다각도에서, 특히 존재-신-론에 따라 꼼꼼하게 재검토하는 성과로 이어진다.

아울러 마리옹은 종교철학과 (비록 그 스스로는 신학자로 불리기를 꺼리지만) 신학에서도 큰 성과를 일구었다.

마리옹은 하이데거의 존재-신-론 비판과 그 현상학적 사유를 계승하면서 1960년대 제2차 바티칸 공의회를 전후로 신학의 쇄신을 끌어낸 '새로운 신학(Nouvelle Théologie)' 운동을 전유하는 가운데 존재 또는 존재자로 환원되지 않는 신을 제시하고 기술하는 독창적 연구를 내놓는다. 이는 소위 탈형이상학적 방식의 신-담론을 촉진했으며, 그 영향은 단지 유럽 대륙이 아니라 영어권 학계에 이르기까지 널리 퍼졌다.

마리옹은 2000년대 이후부터 본격적으로 독창적인 현상학자의 면모를 보인다. '주어짐의 현상학'으로 명명되는 마리옹의 현상학은 현상학이 형이상학적 사유로 환원되지 않은 채 전개될 수 있는 길을 여는 데 초점을 맞춘다. 이를 위해 마리옹은 오로지 현상의 주어짐으로만 환원되는 현상학의 원리를 정립하고 발전시키며, 가장 탁월한 형태로 주어지는 현상들을 분류하고 이 현상들을 기술했다. 이로써 마리옹은 그에게 크게 영향을 미친 하이데거와 결정적으로 다른 모습을 보이면서 자신만의 고유한 사유를 개척하기에 이른다.

마리옹의 작업은 바로 이 세 가지 차원, 즉 데카르트와 근대 형이상학을 존재-신-론 비판의 관점에서 재해석하는 연구, 형이상학으로 환원되지 않는 신-담론의 고안, 주어짐의 현상학을 통해 현상학의 원리를 새롭게 정립하고 주어짐 현상의 현상성을 오롯이 보여 주려는 시도로 정돈할 수 있다. 이 셋을 가로지르는 요소로는 여럿이 있겠으나, 그 가운데서도 '탈형이상학적 사유'가 기저를 이루고 있다. 마리옹은 데카르트를 위시한 근대 형이상학을 이해할 때 하이데거의 존재-신-론 비판을 따라 형이상학적 사유 자체의 난맥상을 드러낸다. 신에 대해서도 마찬가지인데, 서양철학에서는 매우 당연해 보이는 존재 또는 존재자로부터 벗어난 신과 그 계시의 의미를 다루려 한다. 마리옹이 점차 '현상학자'로 불릴 만큼 현상학에 큰 공을 들인 이유도 이와 맞닿아 있다. 이는 처음부터 하이데거에게 크게 영향을 받았기 때문이기도 하지만, 현상학이야말로 탈형이상학적 사유를 전개할 가능성을 지닌 탁월한 철학이라는 점이 마리옹의 시선을 현상학에 집중하도록 이끌었다.

이 책은 이러한 세 가지 차원에 초점을 맞추면서 마리옹의 사상을 이해해 보려 한다. 이를 통해 독자들은 이 세 차원 각각에 관해 새로운 이해를 얻을 수 있을 것이며, 이 셋을 관통하는 탈형이상학적 사유가 어떻게 가능한지도 이해할 수 있을 것이다. 나는 이 과정에서 특별히 '주어짐의 현상학'에 가장 큰 비중을 둘 것이다. 나 자신이 현상학을 통해 마리옹에 접근했기 때문이고, 마리옹을 독창적인 큰 철학자로 만들어 준 것이 그의 현상학이기 때문이다. 이제 이토록 다채롭게 펼쳐지는 마리옹의 사유로 진입해 보자. 물론 그 전에 마리옹의 생애를 이해하는 것이 먼저겠다.

유년기와 학생 시절

장뤽 마리옹은 1946년 7월 3일 프랑스 파리 서쪽 센강 부근에 위치한 작은 마을인 뫼동에서 태어났다. 아버지는 프랑스 국방부 소속 무기 생산 엔지니어였고, 어머니는 교사였다. 두 사람 모두 드골주의자였고, 마리옹도 이에 영향을 받아 드골 사망 전까지 스스로를 드골주의자로 여겼다고 한다. 드골주의자라고 해서 요즘 일부 보수 세력과 비슷한 부정적 의미의 완고한 보수주의자라고 여기면 곤란하다. 마리옹의 아버지는 나치 체제를 거부하는 프랑스인들을 수감하는 강제 수용소에 2차 세계대전 내내 갇혀 있었고, 어머니는 레지스탕스 활동에 가담했다. 마리옹의 부모는 공동체의 안위를 소중히 여기며 이를 위해 자기를 희생할 줄 아는 보수주의자들이었고, 마리옹의 드골주의도 이런 의미로 받아들이면 될 것 같다.

마리옹은 중등학교 5학년에서 4학년으로 진학하는 시기

(프랑스 중등교육 학제에서는 상급 과정이 더 낮은 숫자로 표기된다) 질병 때문에 1년을 쉬어야 했다. 이 시기 마리옹은 에밀 졸라(Émile Zola)와 알베르 카뮈(Albert Camus) 등의 문학 작품에 심취했고, 블레즈 파스칼(Blaise Pascal)과 테야르 드 샤르댕(Teilhard de Chardin) 같은 사상가의 저작을 읽고, 성서를 탐독했다. 마리옹의 어린 시절 주된 관심사는 문학이었고, 이내 철학으로 관심을 옮겼으나 초기에는 권위적인 철학 교사와 갈등을 빚는 등 제대로 공부를 할 수 없었다. 하지만 이내 리세 콩도르세에서 공부하면서 프랑스의 하이데거 전도사였던 장 보프레(Jean Beaufret)로부터 하이데거의 시각에서 형이상학을 읽어 내는 시야를 얻었고, 점차 철학 공부에 심취한다. 또한 프랑스의 엘리트 교육기관인 그랑제콜(Grandes Écoles) 고등사범학교(École normale supérieure)에 들어가고자 입학 준비 과정(Khâgne)에서 열렬히 철학을 공부한다. 그 과정에서 현존하는 뛰어난 형이상학적 철학자이자 철학사가 중 한 사람인 레미 브라그(Rémi Brague) 등과 교분을 쌓는다.

마리옹은 낭테르대학교와 소르본대학교에서 각각 문학 학사 학위와 철학 학사 학위를 받았으며, 고등사범학교에도 입학해 수학했다. 이 당시 고등사범학교에는 루이 알튀세르(Louis Althusser), 자크 데리다, 질 들뢰즈 등이 교수

자격시험 지도 조교인 카이망(caïman)으로 있었고, 마리옹 역시 이들에게서 많은 영향을 받는다. 아울러 전문적으로 신학을 공부하지는 않았지만, 그 당시 제2차 바티칸 공의회의 주역이기도 한 앙리 드 뤼박(Henri de Lubac)과 이브 콩가르(Yves Congar)가 일으킨 새로운 신학 운동의 영향 아래 이들의 신학 작품 그리고 한스 우르스 폰 발타사르(Hans Urs von Balthasar)와 장 다니엘루(Jean Daniélou) 등이 쓴 저작을 탐독했다.

이러한 신학의 영향에도 불구하고 마리옹은 전형적인 철학자로서 훈련받았다. 박사 과정에서는 데카르트 연구에 큰 획을 그은 페르디낭 알키에의 조교를, 알키에가 은퇴한 후에는 준비에브 로디루이스(Geneviève Rodis-Lewis)의 조교를 지내면서 데카르트를 심도 있게 연구한다. 또한 폴 리쾨르(Paul Ricœur)와 에마뉘엘 레비나스에게도 현상학과 해석학에 관한 다양한 지식을 얻는다. 마침내 마리옹은 1974년 데카르트의 존재론을 주제로 ≪데카르트의 회색 존재론에 관하여: ≪규칙들≫에서의 데카르트적 학문과 아리스토텔레스적 지식(Sur l'ontologie grise de Descartes: Science cartésienne et savoir aristotélicien dans *les Regulae*)≫이라는 논문을 제출해 박사 학위를, 1980년에는 ≪데카르트의 백색 신학에 관하여: 유비, 영원한 진리들의 창조,

토대(Sur la théologie blanche de Descartes: Analogie, création des vérités éternelles, fondement)≫라는 논문을 제출해 국가박사 학위를 취득한다.

대학 강단에서의 활동

마리옹은 학위를 받고 1981년부터 푸아티에대학교에서 교수 생활을 시작했으며, 1988년부터는 낭테르대학교에서 교수를 지냈다. 1991년에는 소르본대학교 형이상학 담당 교수가 되어 명실상부한 프랑스 강단 철학계의 주류 학자로 우뚝 서게 된다. 이때까지만 해도 마리옹의 철학은 주로 데카르트 철학과 형이상학에 관한 역사적 연구라는 점에서 주목받았다.

하지만 마리옹의 명성이 프랑스만이 아니라 유럽의 다른 국가와 영어권에까지 퍼진 것은 종교철학과 현상학에 대한 그의 심도 있는 기여 덕분이다. 마리옹은 한창 데카르트와 17세기 근대 형이상학을 연구하던 시기에도 ≪우상과 거리: 다섯 편의 연구(L'Idole et la distance: Cinq études)≫(1977)와 ≪존재 없는 신(Dieu sans l'être)≫(1982) 등 종교철학과 관련한 탁월한 저술을 출간했다. 또한 1980년대 후반부터는 자신의 가장 독창적인 철학적 성과라고 할 수 있는 현상학적 돌파구를 마련하기 위한 작업에 물꼬를 튼다.

그러나 프랑스 특유의 세속주의적 경향 때문에 강단 철학계에서 마리옹의 종교철학적 연구는 대체로 철학 외적 작업으로 간주되었다. 마리옹의 종교철학과 현상학적 작업에 가장 관심을 둔 곳은 프랑스가 아니라 미국이었다. 이는 토머스 칼슨(Thomas Carlson)이 ≪존재 없는 신≫의 영어 번역판을 재빨리 출간한 덕분이었으며, 이에 마리옹은 미국 시카고대학교의 초청을 받아 그곳에서 얼마간 가르치다가 존누빈기금 석좌교수직을 제안받는다. 이 교수직은 시카고대학교 산하 철학과, 사회사상연구소, 신학대학원에 공동으로 소속되는 독특한 직위다. 이 직위를 가지고 미국에서 활동한 마리옹의 선임으로는 폴 틸리히(Paul Tillich)와 폴 리쾨르가 있다.

마리옹은 이렇게 프랑스와 미국을 오가며 학생들을 가르치다가 2012년에 소르본대학교 교수직에서 은퇴하고 명예교수가 되었는데, 이것으로 대학에서의 경력이 끝난 것은 아니다. 마리옹은 시카고대학교 신학대학원의 '앤드루 토머스 그릴리·그레이스 맥니컬스 그릴리 가톨릭연구기금 석좌교수'로서 계속 활발하게 활동한다. 2022년에 이 직위에서 물러난 이후로도 유럽의 저명한 철학자들을 초청해 학생들을 단기간 가르치게 하는 보스턴칼리지의 가다머석좌교수로 계속 활동하고 있다. 필자도 마리옹이 2023년 가다머석좌교수직을 수행할 때 보스턴칼리지에 개설된 "현상학의 근본 개념들"이라는 수업을 직접 들으면서 그의 철학에 조금 더 가까이 다가설 수 있었다. 마리옹은 2024년과 2025년 봄 학기에도 가다머석좌교수직을 수행하며 활발히 활동한 바 있으며, 앞으로도 이런 식으로 미국과 유럽을 오가며 왕성한 활동을 보여 줄 듯하다.

차례

철학과 신학의 경계를 넘나드는
우리 시대의 현상학적 철학자 v

01 데카르트와 회색 존재론 1
02 데카르트와 백색 신학 15
03 데카르트와 존재-신-론 29
04 탈형이상학적 신-담론: 존재 없는 신 47
05 주어짐의 현상학: 세 가지 환원 73
06 순수한 선물 91
07 현상의 주름과 증인 105
08 포화된 현상 125
09 계시 149
10 마리옹의 세 가지 면모와 가톨릭적 지향 165

일러두기

- 인명, 작품명, 저서명, 개념어 등은 한글과 함께 괄호 안에 해당 국가의 원어를 병기했습니다.
- 외래어 표기는 현행 어문규정의 외래어표기법을 따랐습니다.
- 성서 인용은 기본적으로 대한성서공회에서 발간한 ≪공동번역 성서≫의 번역을 따르되, 마리옹이 프랑스어로 인용한 의미를 살려 다시 번역하기도 했습니다.
- 5장, 6장, 7장, 8장, 9장은 기본적으로 이 책을 위해 새로 작성되었으나 그 내용 중 일부는 다음 논문의 여러 부분을 수정·보완한 것입니다. 김동규(2020). "순수한 주어짐과 세계의 맥락 사이에서: 장-뤽 마리옹의 현상학적 주체 물음에 관한 비판적 고찰". ≪현상학과 현대철학≫, 84, 1-37쪽.
- 국역본이 있는 저서를 가리키는 내주에서는 '/'를 사용해 원서와 번역서 각각의 출간 연도와 인용 쪽수를 나란히 밝혔습니다.

01
데카르트와 회색 존재론

마리옹의 철학에는 여러 양상이 있지만, 그가 학위를 받고 비교적 빨리 프랑스 강단 철학계의 핵심부에 자리하게 된 것은 데카르트 연구 덕분이었다. 오늘날 우리에게 프랑스 철학은 푸코, 데리다, 알튀세르, 들뢰즈 등으로 대표되지만 프랑스에서 전통적 의미의 프랑스 철학을 선도하는 역할은 우선 그리고 대개 데카르트 연구자에게 부여된다. 이 점에서 마리옹의 데카르트 연구는 그에게나 프랑스의 강단 철학계에서나 중요한 것이었다. 마리옹은 프랑스 철학 전통의 정점에 있는 데카르트 철학을 매우 현대적인 방식으로 재해석함으로써 자신만의 독특한 근대 철학과 형이상학 이해의 성좌를 구축한다. 우선 마리옹이 데카르트에게 부여한 회색 존재론에 대해 알아보자.

색으로 펼쳐지는 데카르트

대학원생 시절 마리옹의 텍스트를 읽을 기회가 있었다. 이는 내가 마리옹의 철학을 연구하는 데 초석이 되었다. 한번은 마리옹의 저술 ≪데카르트의 형이상학적 프리즘에 관하여: 데카르트적 존재-신-론의 구성과 한계(Sur le prisme métaphysique de Descartes: Constitution et limites de l'onto-théo-logie cartésienne)≫를 읽고 이해하는 수업에 참여했다. 그때 같이 공부하던 학생 한 명이 "이 사람은 색을 좋아하는군"이라는 감상을 남긴 적이 있다. 이는 마리옹의 데카르트 해석의 특징을 잘 포착한 말이었다.

마리옹의 데카르트 연구의 골격을 이루는 가장 중요한 작품으로는 다음 세 작품을 들 수 있다.

- ≪데카르트의 회색 존재론에 관하여: ≪규칙들≫에서의 데카르트적 학문과 아리스토텔레스적 지식≫(Marion, 2000. 초판은 1975년에 출간)
- ≪데카르트의 백색 신학에 관하여: 유비, 영원한 진리들의 창조, 토대≫(Marion, 1991. 초판은 1981년에 출간)
- ≪데카르트의 형이상학적 프리즘에 관하여: 데카르트적 존재-신-론의 구성과 한계≫(Marion, 1986)

각 작품의 제목을 보면 “회색”, “백색”, “프리즘”과 같이 색이나 색의 나타남과 연관된 용어가 들어 있다. 마리옹이 이들 용어에 무슨 의미를 부여하는지 차례로 알아보면서 그의 데카르트 연구의 요점을 파헤쳐 보자.

누구의 형이상학, 어떤 존재론인가

우선 회색의 데카르트, 더 정확하게는 회색이라고 말할 수밖에 없는 그의 존재론의 의미를 해명해 보자. 회색 존재론은 데카르트의 존재론을 규정하는 마리옹의 핵심 용어다. 당연한 얘기겠지만 전통적으로 철학에서 제일철학의 대상은 최고 존재인 신이나 존재로서 존재 혹은 존재자 일반 자체다. 다시 말해 존재하는 것들을 잘 작동하게 하는 체계에서 정점에 있는 원인자로서 신을 탐구하거나, 존재하는 것들의 가장 근본적인 존재 의미를 밝히고 존재자의 존재 방식을 규정하는 작업이 제일철학으로서 형이상학을 이룬다.

그런데 마리옹은 이렇게 묻는다. 데카르트에게 존재론이 있는가? 있다면 그것은 대체 무엇인가? 데카르트에게 존재론이 있는지 묻는 것은 다소 생뚱맞아 보인다. 존재에 대한 이해 없이 어떻게 철학이 가능하겠는가? 그러므로 여기서 존재 이해와 존재론적 규정이 있는지 묻는 것은 일견 별 의미 없는 문제 제기인 듯하다. 하지만 마리옹이 보기에 데카르트에게 존재는 그리 간단하게 정립되지 않는다. 마리옹은 바로 이 점을 지적하기 위해 당연한 듯하지만 난해한 물음을 던졌다.

존재를 단적으로 정립하거나 규정하는 방식으로 존재를 사유하는 입장은 아리스토텔레스의 형이상학에서 나타나는, 실체로 존재의 의미를 규정하는 존재론에서 볼 수 있다. 또한 이런 식의 형이상학적 사유는 중세 철학에서도 일정하게 이어졌다. 마리옹은 존재 관념이 이처럼 시대적으로 계승되는 과정에서 데카르트가 이룩한 혁신이 바로 존재를 존재 그 자체로 정립하는 것이 아니라 존재를 감추면서 다른 매개를 거쳐 보여 주는 '회색 존재론'에 있다고 본다. "'회색 존재론'은 존재자의 존재를 환기하지만, 이는 오히려 그것을 더욱 깊이 감추기 위해서다."(Marion, 2000: 192) 마리옹에 따르면 데카르트는 존재가 그 자체로 나타나지 않는다고 보았다. 존재가 나타나려면 언제나 에고 코기토(ego cogito)라는 자아의 매개를 거쳐야 하기 때문이다.

이는 소위 '데카르트의 코기토'가 모든 존재를 떠받치는 주체의 형태를 갖추고 있음을 강조하기 위한 주장이 아니다. 물론 마리옹도 자아가 존재하는 것의 토대 역할을 한다는 점은 분명해 보인다고 밝힌다. "데카르트는 연장적인 것(res extensa)을 정복함으로써 존재적이고 인식론적인 보증을 확보하는데, 이 보증은 그 자체로 사유하는 자아(ego cogito)의 존재적 보증 안에서 확보되고 이것에 의존한다."(Marion, 2000: 192)

그러므로 존재하는 것들은 전통 형이상학이 말하듯 그 자체로 실체로서 존재 또는 존재자로 규정되는 것이 아니라, 사유하는 자아의 보증을 따라 그렇게 규정된다. 데카르트가 ≪성찰≫에서 제시한 저 유명한 밀랍의 비유에서 보듯, 밀랍이 불에 녹아 그 형체와 색과 향기를 모두 상실했다고 하더라도 여전히 조금 전에는 일정한 형체를 갖추고 있던 바로 그 밀랍이라고 존재를 보증받는 것은 자아의 사유를 통해서다. 이 경우 밀랍의 존재자가 단적으로 그 존재를 보증받기 전에 우리는 한 번 멈칫할 수밖에 없다. 밀랍은 사유하는 자아의 보증 없이는 존재로서 인증받지 못하기 때문이다. 이처럼 데카르트를 기점으로 존재론은 자명한 존재론에서 흐릿해진 회색 존재론으로 이행한다.

이와 더불어 마리옹은 또 다른 문제를 제기한다. 데카르트가 단적으로 오롯하게 실체를 규정하는 존재론을 펼치지는 않지만, 그는 존재론, 더 정확하게는 존재론보다 더 오래된 형이상학이라는 존재 물음을 전면에 내세운다. 마리옹에 따르면 우리는 이때 데카르트의 형이상학을 곧이곧대로 받아들여서는 안 된다. 존재론이 회색 존재론으로 이행한 것처럼, 존재론으로서 전통 형이상학의 성격 또한 데카르트에게는 이전과 다른 형태로 정립되기 때문이다.

주지하듯이 아리스토텔레스와 그 이후 중세 형이상학은 형이상학의 대상을 둘로 나누어 규정했고, 이 구별을 따라 제일철학의 지위에 대한 문제를 다루었다. 존재로서 존재, 존재하는 것 일반의 성격을 규정하는 일반 형이상학의 물음이 두 대상 중 하나고, 존재하는 것들을 작동하게 하고 그것들의 궁극적 토대로 기능하는 최고 존재를 찾고 규명하는 특수 형이상학의 물음이 다른 하나다. 그렇다면 이것들은 데카르트 안에서 어떻게 수렴되는가?

바로 이 지점에서 하이데거를 계승하는 마리옹의 독특한 관점이 발휘된다. 마리옹이 보기에 데카르트 철학 내부의 어떤 차원에서는 존재-신-론이 작동한다. 데카르트는 존재를 보증하기 위해 코기토로 대변되는 인식의 원리를 설정하는 데 온 힘을 기울인다. 이것은 엄밀하게 보면 존재를 그 자체로 규정하는 전통적 형식의 존재론을 지우거나 흐릿하게 한다. 달리 말해 데카르트에 이르러 사실상 전통적 의미의 일반 형이상학의 자리는 사라진다.

혹자는 반문할 수 있다. 그럼에도 존재가 자아를 거쳐 말해지지 않는가? 맞는 말이다. 하지만 마리옹은 데카르트에게서 존재가 그 자체로 말해지지 않는다는 것이 생각보다 큰 전통과의 단절을 일으킨다는 점에 주목한다. 마리옹이 드는 가장 중요한 예는 다음과 같다. 전통적 의미의 실체로서 존재, 아리스토텔레스적 의미의 실체는 그 자체로 네 가지 원인(형상인, 질료인, 작용인, 목적인)을 작동 방식으로 내포한다. 반면 데카르트에게서는 존재가 그 자체로 말해지지 않고 자아의 보증을 따라 말해지기 때문에 네 가지 원인이 설 자리를 잃는다.

그렇다면 그 원인은 어디에 있는가? 이미 사라진 네 가지 원인을 대체하는 원인은 무엇인가? 아리스토텔레스에게는 네 가지 원인과 더불어 다른 것을 움직이지만 자신은 움직이지 않는 '부동의 원동자' 같은 최고 원인의 자리가 있는데, 데카르트에게서 그 최고 원인은 어디로 갔을까? 네 가지 원인이 존재하는 것들 바깥으로 추방되었더라도 최고 원인은 남아 있지 않은가? 주지하듯 신은 여전히 데카르트에게 최고 원인으로 사유되고 있지 않은가?

마리옹은 데카르트의 "실험이 그 원인을 따라 최고 존재를 구성하려는 시도를 목표로 삼는다"(Marion, 2000: 199)

고 진단한다. 즉 원인과 신의 분리는 데카르트가 전통 형이상학과 분기하는 또 다른 지점이다. (그리고 이것이 데카르트가 고유한 존재-신-론을 수립하는 계기가 된다.)

그렇다면 데카르트는 신에게는 원인으로 기능할 계기가 전혀 없다고 보았을까? 아니다. 데카르트는 신이 새로운 방식으로 자신이 원인임을 변호해 내야 한다는 입장을 취했다. 이를테면 우리는 이렇게 물을 수 있다. 신은 작용인인가, 아니면 목적인인가? 자아가 존재를 보증하는 데카르트의 새로운 사유 체계에서 신은 어떤 원인으로 있는가?

마리옹에 따르면 데카르트는 이들 물음에 대응해 신의 성격을 새로이 규정함으로써 그 성격을 원인의 정의와 일치시키는 길을 개척한다. 신은 더 이상 '부동의 원동자' 같은 최고 존재가 아니다. 오히려 데카르트에게 신은 무한자로서 그 자체로 충만하고 전능한 힘을 갖춘 자로 묘사된다. 이러한 규정은 매우 독특한 결과를 낳는다. 즉 그 충만한 힘 때문에 다른 것에 의존하지 않고 스스로 존재하는 전능자로서 신이 자기원인(causa sui)으로 이해되기에 이른다. 이때 신은 이전처럼 운동의 계열에 속해 있으면서 그 계열의 첫머리에 오는 존재자가 아니라 그 자체로 충만하게 존재하기 때문에 오직 그 자신의 자립적 존재만으로 스스로 원인이 되는, 자기원인으로서 존재자로 존재하게 된다.

마리옹은 자신의 입장을 정당화하는 결정적 근거로 다음과 같은 데카르트의 발언을 제시한다.

> 또한 나는 잠시 후, "신 안에는 자신이 존재하기 위해 결코 다른 어떤 것의 도움도 필요로 하지 않을 정도로, 지금 자신을 보존하기 위해 결코 다른 어떤 것의 도움도 필요로 하지 않을 정도로, 그래서 거의 자기 자신의 원인일 정도로 커다란 그리고 무한한 힘이 어떤 식으로든 놓여 있다"고 덧붙였다. 여기서 "자기 자신의 원인"이라는 말은 결코 작용인으로 이해될 수 없으며, 단지 신의 무한한 힘이 신이 원인을 필요로 하지 않는 바로 그 원인 혹은 근거(causa sive ratio)라는 뜻으로 이해될 수 있을 뿐이다.(Descartes, 1964/2012: 236/206)

여기서 신이 전통적 의미의 작용인으로 환원되지 말아야 한다는 데카르트의 의도를 확인할 수 있다. 또한 신을 자기원인으로 규정하면서 그 근거를 무한자로서 신 자신의 무한한 힘에서 찾는 발언도 보인다. 그리고 마지막 문장의 "원인 혹은 근거"라는 말은 원인으로서 신과 관련해 마리옹이 한 걸음 더 나아가려 하는 대목이다.

신이 원인이라는 것은 이미 밝혀졌다. 즉 신은 자기원인이다. 그런데 신은 원인인 동시에 근거다. 근거, 바로 'causa'

가 아닌 'ratio'가 도입되면서 신은 독특한 운명에 처한다. 이 근거는 무엇을 말하는가? 원인이 근거이기도 하다는 것은 어떤 식으로 사유의 변혁을 일으키는가?

마리옹에 따르면 데카르트에게 근거는 사유에 종속된 방식으로 나타난다. 예를 들어 보자. 모든 존재하는 것에는 그것이 바로 그렇게 존재하는 이유 또는 근거가 있다. 쉽게 말해 우리는 존재자에 대해 다음과 같이 묻는다. 그것은 '왜' 존재하는가? "원인 혹은 근거"란 말은 데카르트가 소박한 형태의 인과성을 제시하며 자연의 사물들이 인과적인 방식으로 질서 지어져 있음을 확증하는 데 그치지 않고 사물의 존재 근거 또는 이유를 설명하는 데까지 나아가려 했다는 점을 함축한다.

원인의 형이상학 너머: 사유의 (회색) 존재론

전통적으로 원인은 의문시되지 않았고, 아리스토텔레스의 네 가지 원인처럼 존재자에 내재한 것으로 이해되었다. 한편 데카르트에게 원인은 사유라는 근거 아래서만 이해된다. 이로써 사물 또는 사물의 원인은 내가 이해하는 차원에서 그 존재 근거가 변호되어야 하는 상황에 놓인다. 이는 인식의 제일 원리로서 사유하는 자아가 등장한 이후 존재하는 것들이 겪게 된 운명이다. 다시 말해 원인은 그저 그것이 있다는 이유로 원인의 지위를 부여받는 것이 아니라 근거에 따라 설명되어야 한다. 이에 사물은 사유하는 자아 앞에서 그 정당성을 변호해야 하는 처지에 놓인다. 물론 그 변호는 사물 스스로가 하는 것이 아니라 자아가 해 준다. 마리옹은 그러한 변호가 다름 아닌 데카르트의 표상 작업이라고 말한다. "사물에 대해 근거를 제시하는 것은 그것의 원인(또는 비원인)을 탁자 위에 올리는 것, 즉 표상을 위해 그것을 보여 주는 것이다."(Marion, 2000: 205) 사물은 내 앞에 하나의 그림처럼 표상으로 세워짐으로써 그 근거가 자아에 의해 설명된다. 마치 밀랍의 존재 근거가 사유의 보증을 받는 것처럼 말이다.

이제 우리는 회색 존재론이 무엇인지 더 정확하게 말할 수 있다. 데카르트에게 회색 존재론은 자아의 인식 작용을 거쳐야만 성립되는 존재론이다. 이전의 존재론이 존재를 그 자체로 규정하고 정당화하는 존재론이었다면, 데카르트에 이르러 존재론은 최고 존재나 존재로서 존재 일반에 근거를 부여하는 자아의 인식을 전제한다. 이것을 과연 존재론이라고 부를 수 있을까? 적어도 전통적 의미에서는 아니다. 따라서 마리옹은 데카르트의 형이상학을 회색 존재론이라고 부른다. 요컨대 데카르트의 "인식론은 존재자를 그 존재 안에서 진술하는 과제를 맡는다. 이는 제시되어야 할 근거로부터 그것을 사유함으로써, 곧 존재자를 사유로 표상함으로써 이루어진다"(Marion, 2000: 205).

이 정도면 데카르트의 회색 존재론이 무엇을 의미하는지 규명된 것 같다. 하지만 여전히 규명되어야 할 것이 남았다. 앞서 우리는 데카르트의 사유가 원인, 더 정확히는 전통적인 일반 형이상학 너머의 "원인의 형이상학"(Marion, 2000: 198 이하)을 고안하면서 사물과 그 원인이 자아 앞에 놓여 사유의 보증을 받아야 할 운명에 처했음을 살폈다. 그런데 여전히 덜 해명된 듯한 것이 있는데, 바로 자기원인으로서 신이다. 신이라는 자기원인도 다른 사물의 원인처럼 자아가 행하는 사유의 보증 아래서만 말할 수 있는가? 이러한 물음은 우리에게 데카르트의 신학에 관한 궁금증을 남긴다.

참고문헌

Descartes, R.(1964). Responsio authotis ad primas Objectiones; Responsio ad quartas Objectiones. *Meditationes de prima philosophia(Œuvres de Descartes. Tome VII)*. Publiées par Charles Adam & Paul Tannery. J. Vrin. 원석영 옮김(2012). ≪성찰 ①: <성찰>에 대한 학자들의 반론과 데카르트의 답변≫. 나남.

Marion, J-L.(1986). *Sur le prisme métaphysique de Descartes: Constitution et limites de l'onto-théo-logie cartésienne.* Paris: Presses Universitaire de France.

Marion, J-L.(1991). *Sur la théologie blanche de Descartes: Analogie, création des vérités éternelles, fondement*(1re édition, "Quadrige"). Paris: Presses Universitaire de France.

Marion, J-L.(2000). *Sur l'ontologie grise de Descartes: Science cartésienne et savoir aristotélicien dans les Regulae*(5e édition). Paris: J. Vrin.

02
데카르트와 백색 신학

마리옹의 데카르트 해석은 회색 존재론을 지나 백색 신학으로 넘어간다. 회색은 어떻게 백색과 공명하는가? 마리옹이 이야기하는 백색은 순수하게 백색을 의미한다기보다는 아무것도 그려지지 않은 하얀 도화지 같은 빈 공백에 가깝다. 어떻게 그러한 의미가 데카르트 해석과 연결되는지 알아보자.

백색 또는 공백

백색 신학(théologie blanche)에서 프랑스어 형용사 'blanche'는 여성형 명사인 'théologie'와 성을 일치시키기 위해 남성형 형용사 'blanc'을 변형한 것이다. 'blanc'이나 'blanche'는 영어의 'white'나 한국어의 '흰색'과 같은 뜻으로도 쓰이지만, '빈 공백'이라는 의미로도 쓰일 수 있다. 영어권 번역자들이 마리옹의 '백색 신학'을 번역할 때 'white theology'와 'blank theology'를 병행해서 쓰는 등 다소 어려움을 겪는 이유가 여기 있다.

그렇다면 대체 무엇이 비어 있다는 말일까? 바로 신 또는 신학이 비어 있다. 하이데거의 표현을 취해 더 정확하게 말하자면 데카르트는 우리의 인식 능력보다 더 크고 인격적인 "신다운 신(göttlichen Gott)"(Heidegger, 2006: 71)을 결여하는 것처럼 보인다. 단, 마리옹은 이 코기토의 철학자가 말하는 신이 스피노자나 헤겔의 신처럼 자연과 정신의 운동과 동일시될 수 있는 내재성 안의 신으로 미끄러져 들어가지도 않는다고 본다. 그러므로 데카르트의 신학은 무엇인가를 명확하게 그려 내 흰 도화지 위를 화려하게 장식할 만한 계기가 없는, 모호한 상태로 있다.

모호해져 버린 신의 지위

이러한 상태는 데카르트가 신에게 부여한 '자기원인' 개념과 관련된다. 신이 자기원인이라는 것은 데카르트에게 찬미의 대상인 신마저 인과성에 종속됨을 보여 준다.

그런데 이때 데카르트에게 인과성은 무엇을 의미하는가? 마리옹은 인과성이 다른 무엇보다 작용인에 근거한다고 본다. 그러므로 자기원인으로서 신은 작용인과 관련된다. 그렇다면 신 자체가 작용인이라는 말인가? 여기서 묘한 비틀림이 일어난다. 마리옹에 따르면 데카르트는 신에게 작용인을 부과하거나 신으로부터 작용인을 사유하지 않았다. 데카르트는 "작용인에 대한 유비를 통해 자기원인을 정의하는데", 흥미롭게도 "여기서 유비가 신학적 유비와는 반대로 작동한다. 신으로부터 작용인을 사유하는 대신, 작용인으로부터 신을 사유한다"(Marion, 1991: 428-429).

이렇게 사유하면 신은 더 이상 원인을 지배하지 못한다. 오히려 신도 원인에 종속된 형태로만 사유될 뿐이다. 이 경우 무한한 신이 원인의 계열에 종속된다는 점에서, 무한으로부터 분리된 절대적 창조자가 그 지위를 유지할 수 있는가 하는 문제가 생긴다. 이 문제에서 우리는 앞의 인용문에 등장한 "유비"라는 표현에 주목해야 한다. 마리옹은 데카르트의 "유비가 신학적 유비와는 반대로 작동한다"고 했다. 중세 철학, 특히 토마스 아퀴나스(Thomas Aquinas)의 철학에서 신을 이해하는 데 유용한 개념으로 자주 사용된 유비는 단지 신과 인간의 유사성을 따라 신을 이해하는 계기로만 작동하지는 않는다. 유비는 유사성과 더불어 신과 인간 사이의 존재론적 차이를 드러내는 방식으로도 기능한다. 이를테면 아퀴나스의 철학에서 유비는 두 대상의 비례적 관계하에서 각 대상에 관해 서술되는 의미의 유사성에 초점을 맞추지만, 이러한 서술에서 의미는 선차적인 것과 후차적인 것의 차이를 내포한다. 아퀴나스는 신과 인간의 비례적 관계에 따라 신을 유비적으로 서술할 때 이를 분명히 한다.

> 위에서 말한 바와 같이 우리도 하느님에게서 피조물에게로 발출되어 온 완전성에서 하느님을 인식한다. 그 완전성들은 피조물 안보다는 하느님 안에 더 탁월한 모양으로 존재한다. 그런데 우리 지성은 그런 완전성들을 피조물 안에 있는 모양으로 파악한다. 또한 우리는 그것들을 파악한 바에 따른 명칭들로 표현한다. 그러므로 우리가 하느님께 귀속하는 명칭들에서 두 가지를 생각해야 한다. [그중 하나는] 곧 표시된 완전성들 자체를 생각하는 것인데 선성과 생명과 이런 유의 것

> 들이다. 또 [다른 하나는] 표시의 양태를 생각하는 것이다. 이런 유의 명칭들은 하느님께 고유하게 적합한 것이며 피조물 자신보다는 오히려 [하느님께] 더 고유하게 적합한 것이다. 또 그런 명칭들은 하느님에 대해 더 선차적으로(per prius) 말해지는 것이다. 표시의 양태에 관한 한 하느님에 대해 고유하게 말해지는 것이 아니다. [그 이유는] 이런 명칭들은 피조물에 적합한 표시의 양태를 갖고 있기 때문이다.(아퀴나스, 2022: 81-82)

즉 신과 인간에게 동시에 부여되는 명칭은 인간이 아니라 신에게 더 적합한 것이라는 점에서 신과 인간 사이의 유사성만이 아니라 차이 또한 보여 준다. 우리는 '신이 지혜롭다'는 서술을 '인간이 지혜롭다'는 인간적 차원의 서술과의 비례적 관계에 따라 이해해 볼 수 있다. 하지만 이 경우 '지혜롭다'는 것은 신에 대해 선차적으로 말해지며, 인간의 지혜로움보다 신의 지혜로움이 더 온전하고 탁월하다는 점을 함축한다.

그런데 데카르트가 유비를 사용하는 방식은 이와 현격히 다르다. 마리옹에 따르면 데카르트는 작용인과 자기원인 사이에 유비 관계를 설정해 자기원인으로서 신을 이해하려 한다. 데카르트는 보통 작용인을 사물들의 계열을 이해하는 데 사용한다. 모든 연장적인 것은 작용인을 따라 움직이고, 그 운동의 결과는 작용인의 결과에 불과하다. 따라서 신이 작용인에 종속된다는 것, 작용인의 유비를 따라 신을 이해한다는 것은 이런 사물들의 계열을 이해하는 것과 유사하게 신을 이해함을 뜻한다. "유비적 간극은 신 안에 작용을 삼켜 넣는 것이 아니라, 오히려 작용 속에 신을 삼켜 버린다. 이는 유비를 통해 신을 작용으로 되돌리는 일이다."(Marion, 1991: 434)

여기서 말하는 "유비적 간극"도 물론 간극이다. 그런데 이 표현은 신의 이름 중 하나인 자기원인이 작용인과 똑같이 취급되지는 않는다는 의미를 함축한다. 데카르트에게도 신은 불가해한, 고유한 힘을 지닌 존재다. 그러므로 인간 지성의 파악 수준에서 이해되는 작용인이 이 자기원인과 등치될 수는 없다. 그렇지만 우리는 여기서도 데카르트의 '원인 또는 근거'에 대한 사유가 작동하고 있음을 잊어서는 안 된다. 분명 데카르트의 신은 인간의 이해 저편에 있는 무한한 최고 존재다. 그러나 그 존재를 이해하는 것은 여전히 인간의 과업이다. 이 점에서 신이라는 원인, 유일무이하게 자기원인이라는 이름을 부여받을 수 있는 원인으로서 신 역시 인간이 스스로 주어진 사태를 설명할 수 있는 근거 아래 포섭되어야 한다는 결론이 도출된다. 이것이 마리옹의 해석에 따른 데카르트의 신 이해 방식이다.

이와 관련해 마리옹이 주로 언급하는 데카르트의 말 그리고 데카르트의 의도를 더 잘 파악할 수 있는 또 다른 말을 각기 살펴보자.

> 굳이 유일한 것이라고까지 하고 싶지는 않지만, 작용인에 대한 고찰이 우리가 신의 존재를 증명하기 위한 제일의 그리고 특별히 중요한 수단이라는 사실은 누구에게나 분명하다고 나는 생각한다. 그러나 우리가 우리 영혼에게 모든 것의 작용인들을, 더 나아가 신 자신의 작용인들까지 탐구할 수 있도록 허용하지 않으면, 우리는 그것을 엄밀하게 추구할 수 없다.(Descartes, 1964/2012: 238/208-209)

> 그러나 다른 조건 또한 제거될 수 없다는 것에서는 단지 고유한 의미로서 작용인이 존재하지 않는다는 결론만 끌어내야 하는데, 이는 내가 인정하는 바다. 그렇다고 유비를 통해 작용인으로 환원될 수 있는 적극적 원인이 존재한다는 결론을 끌어내지 말아야 한다는 말은 결단코 아니다.(Descartes, 1964/2012: 240/211)

그럼에도 불구하고 작용인의 유비를 통해 얻어 낸 이 모든 설명 방식은 우리가 그러한 것들을 분명히 알 수 있도록 자연의 빛을 잘 인도하는 데에는 꼭 필요하다.(Descartes, 1964/2012: 241/212)

첫째 인용문에서 데카르트는 신에게 작용인을 부여하는 것이 신에 대한 탐구에 필수적이라고 언급한다. 둘째 인용문에서 데카르트는 신이 작용인 그 자체가 아니라는 점을 명시하면서, 작용인의 유비를 통해 신을 이해할 가능성을 남긴다. 셋째 인용문에는 자연의 빛, 곧 이성적 인식을 위해서는 작용인의 유비를 반드시 사용해야 한다는 데카르트의 의도가 잘 드러나 있다. 즉 신은 작용인 그 자체는 아니지만, 인간이 자연을 이해하기 위해 사용하는 이성에 따라 작용인의 유비를 사용하면 자기원인으로서 신을 이해할 수 있다는 것이 데카르트의 논지다.

그렇다면 작용인으로서 자기원인이라는 표현에서는 신의 성격이 어떻게 규정되는가? 이 표현은 신의 본질이 곧 독특한 의미에서의 원인이라는 점을 보여 준다. 신이 자신의 작용인 그 자체는 아닐지라도, 신은 작용인이 작용인의 결과에 작용하는 것과 같거나 유사한 일을 자신의 본질로 삼는다. 다시 말해 작용인이 그 원인에 의해 산출된 결과의 근거 역할을 하는 것과 같은 방식은 아니지만, 신은 자기 자신의 자립적 충족성을 스스로 정당화하는 방식으로 작용한다는 점에서 내적 충만함과 충족성을 스스로 이루는 작용인처럼 있다. 이 점이 작용인과의 유비를 통해 이해되는 신의 본질이다.

마리옹을 따라 데카르트의 중요한 언급을 하나 더 검토하자.

> 그렇지만 우리는 자기 자신으로부터 존재하는 것 혹은 자기와는 다른 어떤 것을 원인으로 갖지 않는 것이 무로부터 존재하는 것이 아니라 자신이 지닌 참되고 위대한 힘에 의해 존재하는 것임을 지각한다. 이 때문에 신은 작용인이 그 결과와 관련해 행하는 것과 동일한 어떤 것을 어떤 식으로든(quodammodo) 자기 자신과 관련해 행하며 따라서 자기 자신으로부터 적극적으로 존재한다고 생각해도 무방하다.(Descartes, 1964/2012: 111/45)

여기서 마리옹은 조금은 어색해 보이고 덜 엄밀한 것처럼 보이는 "어떤 식으로든"이라는 표현을 쓰면서까지 데카르트가 자기원인으로서 신을 탐구하면서 드러내는 작용인에 대한 집착 혹은 천착에 주목한다. 마리옹은 이 대목에서 데카르트의 유비 사용을 중세 철학자 또는 신학자의 유비에 관한 사유와 구별하며, 여기에 근대성의 새로운 사유를 움트게 하는 지점이 있음을 명쾌하게 지적한다. 이는 '유비의 변형' 그리고 '원인으로 신을 종속함'이라는 두 가지 양상으로 기술된다. 데카르트에게 "유비라는 용어의 출현은 … 작용인을 약화하지 않고 확장하면서 신의 본질을 작용인에 종속시킨다.… 유비는 사라지기 전에 변질되고 전도된다. 유한한 존재가 신 앞에서 스스로를 설명하는 대신, 신 자신이 자연의 빛 앞에서 자신의 원인을 설명해야 한다. 이렇게 형이상학이 그 근대성에서 열려 밝혀진다"(Marion, 1991: 443).

즉 데카르트는 중세인들처럼 유비 개념을 사용하기는 하나 그들에게 고유한 유비의 용례를 이탈한다. 데카르트는 신과 피조물 사이의 유사성 그리고 유사성을 넘어선 존재론적 차이를 보여 주려 하는 대신 자연의 빛 아래 신이 더 잘 드러날 수 있도록 작용인의 유비, 원인의 형이상학적 사유 아래서만 작동하는 유비를 도입한다. 이로써 신은 작용인을 따라 설명될 수 있는, 원인 또는 근거라는 데카르트적 형이상학의 틀 안에서 이해될 수 있는 수준으로만 존재하게 된다. 이것이 바로 데카르트 형이상학의 고유성이고, 자기원인으로서 신이 중세의 신과 구별되는 독자적 지위를 확보하는 대목이기도 하다.

여전히 미답지로 남겨진 데카르트의 신학

이제 앞서 제기한 물음으로 돌아가자. 왜 백색 신학인가? 전통적으로 신은 원인으로 이야기되어 왔기 때문에, 데카르트가 말하는 신은 근대적 형이상학의 사유 아래서만 논의되는 이성적 신학의 개념적 신으로 전락 또는 재형성된 것처럼 보인다. 그런데 마리옹은 데카르트의 신학이 흰 도화지의 빈 공백을 전부 채울 만큼 완연하게 펼쳐지지 않는다고 진단한다. 데카르트의 신학에서 신은 원인의 형이상학 아래 완전히 갇힌 것처럼 보이지만, 여전히 신은 '무한'으로서 그 형이상학으로는 전부 포섭되지 않는 고유의 독특한 성격을 안고 있다.

일견 신은 작용인의 유비에 따라 인과성 안에 포섭된 듯하다. 하지만 데카르트에게서 신의 이름은 자기원인 하나가 아니라 여럿으로 나타난다. 특히 '무한'의 관념은 가장 탁월한 신의 이름으로 나타나며, 여기서 존재론적 다의성과 인과성 저편에 있는 초월의 가능성이 열린다. 데카르트는 "유비의 문제(곧 신의 이름들의 문제)를 결정적으로 가려 버리고, 원인 또는 근거의 일의성을 '자기원인'인 신을 만들어 내기까지 수립함으로써" "형이상학을 그 근대성으로 열어 밝히는 바로 그 순간에 전혀 다른 의미의 형이상학도 열어 밝힌다. 데카르트는 무한(그리고 무한한 힘)이라는 파악 불가능한 관념을 … 존재론적 초월 속에 기입한다"(Marion, 1991: 443).

이렇게 데카르트의 신학에서는 "원인 또는 근거의 일의성"과 "존재론적 다의성" 그리고 "초월" 사이의 "긴장"이 일어난다(Marion, 1991: 443-444). 원인의 일의성에 따라 신을 자기원인으로 재구성했음에도 여전히 데카르트에게 남겨진 신의 다른 이름들은 우리가 데카르트의 신학을 무엇으로 정의해야 할지를 몰라 어리둥절하게 한다. 이것이 바로 데카르트의 역설, "원인 또는 근거의 일의성을 따라 신의 존재론적 다의성을 강조하는 역설"(Marion, 1991: 444)이다. 이 다의성의 핵심이 바로 무한이다. 무한은 데카르트의 신학이 백지 상태로 머무르게 하는 핵심 계기로 작동한다.

결국 마리옹은 데카르트의 신학이 백지, 공백 상태로 남겨질 운명에 처했다고 선언한다.

> 이렇게 해서 데카르트는 신학을 전개한다.… 우리는 이 신학을 백색 신학이라고 부를 것이다. 백색이라 함은 그것이 익명적이고 미확정적이기 때문이다. 마치 수혜자를 지정하지만 어떤 사업을 위한 것인지 명시하지 않는 백지 위임장처

럼, 신용을 제공하지만 그 금액을 명시하지 않는 백지 수표처럼 말이다. 데카르트 형이상학의 신학이 백색으로 남아 있는 것은 무엇보다 그 수혜자(또는 소지자)가 결국 익명으로 남아 있기 때문이다.(Marion, 1991: 450)

어쩌면 데카르트 이후 그와 진지한 대화를 나누고 대결을 벌였던 근대의 기라성 같은 철학자들(말브랑슈, 스피노자, 라이프니츠 등)이 데카르트를 그토록 진지하게 읽으면서도 각기 다른 고유한 신 개념을 창안한 것은 백지 상태에 있는 데카르트 신학에 기인한 결과이지 않을까? 이런 흥미로운 상상은 그저 상상으로만 남겨 두자. 우리가 여기서 해야 할 일은, 그렇다면 데카르트의 신이 대체 무엇인지를 더 명확하게 규명하는 것이다. 마리옹은 단지 데카르트의 신학이 백지라고 주장하는 데 그치지 않는다. 한 걸음 더 나아가 지금까지의 데카르트 이해를 넘어 데카르트를 존재-신-론이라는 거대한 틀로 다시 한번 창조적으로 해석하려 한다.

참고문헌

토마스 아퀴나스 지음, 정의채 옮김(2022). ≪신학대전 2: 하느님의 생명≫. 바오로딸.

Descartes, R.(1964). Responsio authotis ad primas Objectiones; Responsio ad quartas Objectiones. *Meditationes de prima philosophia(Œuvres de Descartes. Tome VII)*. Publiées par Charles Adam & Paul Tannery. J. Vrin. 원석영 옮김(2012). ≪성찰 ①: <성찰>에 대한 학자들의 반론과 데카르트의 답변≫. 나남.

Heidegger, M.(2006). Die onto-theo-logische Verfassung der Metaphysik(1956/1957). *Identität und Differenz*, pp. 55-73. Pfullingen: Günther Neske.

Marion, J-L.(1991). *Sur la théologie blanche de Descartes: Analogie, création des vérités éternelles, fondement*(1re édition, "Quadrige"). Paris: Presses Universitaire de France.

03
데카르트와 존재-신-론

마리옹의 데카르트 삼부작은 데카르트의 철학 전반을 하이데거의 존재-신-론 비판의 틀로 재구성하는 작업에서 그 대단원의 막을 내린다. 여기서 마리옹은 형이상학에 관한 존재-신-론적 구성이라는 하이데거의 사유를 프로크루스테스의 침대처럼 사용하지 않는다. 마리옹은 하이데거의 통찰을 데카르트 철학에 적용하면서 데카르트가 어떤 면에서 존재-신-론을 성취하고, 어떤 면에서 그것을 비껴가는지 세심하게 살핀다. 이를 통해 우리는 데카르트가 지닌 다채로움을 한층 더 깊이 이해할 수 있다.

데카르트의 신-담론에 대한 존재-신-론적 구성

마리옹은 그저 '백색 신학'이라는 멋진 표현을 제시하는 것으로 데카르트의 신-담론을 갈무리하지 않는다. 더 적극적으로 데카르트의 신-담론을 존재-신-론적으로 재구성하려 한다. 앞선 작업에서도 마리옹은 하이데거의 영향 아래 데카르트를 읽어 냈다. ≪데카르트의 형이상학적 프리즘에 관하여: 데카르트적 존재-신-론의 구성과 한계≫는 이미 제목에서부터 노골적으로 하이데거의 영향을 드러낸다.

일단 여기서 존재-신-론이 무엇인지 알아보자. 존재-신-론은 하이데거가 서구 형이상학을 진단하는 틀이라고 할 수 있다. 서양의 형이상학은 기본적으로 존재로서의 존재인 존재자 일반을 탐구하는 방식으로 전개된다. 하지만 형이상학의 자리를 마련한 아리스토텔레스의 철학에서부터 이미 존재자 일반은 존재자의 기원이나 시초 역할을 하는 최고 존재인 신에게 의존하는 형태를 취한다. 자기 자신은 움직이지 않지만 다른 것을 움직이는 운동의 원인으로서 부동의 원동자는 (비인격적인) 신적 존재의 지위를 가지며, 존재의 근거 역할을 한다. 더 나아가 중세에는 그리스도교 신앙이 확립·확산되면서 창조자로서의 신에 대한 탐구와 존재하는 것으로서의 존재자 일반에 대한 탐구 중 어느 것이 제일철학의 주제인지 따져 묻는 형이상학의 대상 논쟁이 일어났다(박승찬, 2010; 이상섭, 2013 참조).

이러한 사유의 운동 속에서 형이상학은 존재의 근거를 마련하기 위해 신을 소환하거나 최고 존재로서 신의 존재를 규명하기 위해 존재자 일반에 관한 논의를 동원하는 방식으로, 존재론과 신학의 연합 속에서 발전한다. 그리고 이러한 존재(on)와 신(theos)의 연합은 언제나 사유 또는 이성적 학문으로서 로고스(logos)의 틀 아래 이루어진다. 이것이 형이상학을 존재(onto)-신(theo)-학(logie)이라고 부를 수 있는 이유다.

마리옹은 이러한 하이데거의 문제의식을 취해 데카르트의 형이상학을 존재-신-론적으로 총체적으로 재구성하는 작업을 시행한다. 이는 데카르트에 대한 앞선 두 작업('회색 존재론', '백색 신학')과 연결된 작업이다. 데카르트의 회색 존재론에 관한 작업은 이 근대 철학의 선봉이 어떻게 아리스토텔레스와 결별하면서 자기만의 고유한 형이상학을 구축했는지 톺아보는 작업이었다. 이로써 마리옹은 데카르트가 아리스토텔레스 형이상학과 거리를 두면서 자기만의 고유한 방식으로 연장적인 것으로서의 존재자와 신이라는 최고 존재를 규정해 가는 틀을 구축했음을 보여 주었다. 그 틀이 다름 아닌 '원인 또는 근거'를 따라 존재하는 것을 다루는 원인의 형이상학이다. 또한 마리옹은 데카르트의 신학을 백지 혹은 공백 상태를 의미하는 백색 신학이라고 칭하고, 그 백색 신학이 신을 작용인의 유비를 따라 다루며 인과성으로 환원된 자기원인으로서 신을 규정하는 작업임을 밝혔다. 단, 이 자기원인으로서 신은 여전히 중세 철학이나 신학에서 신을 이해하는 방식이었던, 신을 파악할 수 없는 자로서 무한으로 여기는 방식을 통해 이해된다. 이 점에서 데카르트의 신학은 선뜻 이성적 신학으로도, 신비 신학으로도 규정할 수 없는 공백 상태에 처한다.

이러한 맥락을 염두에 두며 재구성한 데카르트의 형이상학, 특히 존재-신-론(학)으로 그려 낸 형이상학은 구체적으로 어떤 형식을 취하는가? 마리옹이 하이데거의 존재-신-론을 취했다는 사실이 곧장 하이데거의 데카르트 해석을 곧이곧대로 답습했음을 의미하지는 않는다. 마리옹의 하이데거 수용 방식을 이해하기 위해 잠시 에둘러 가 보자.

마리옹은 자신이 하이데거를 어느 정도 계승하고 있다는 것을 인정한다. 하지만 데카르트 해석과 관련해서는 자기만의 고유한 방식대로, 소르본대학교에서 데카르트에 관한 열렬한 탐구 분위기를 매개로, 리세 콩도르세 재학 시절 자신에게 하이데거를 처음 알려 준 장 보프레와 더불어 또 보프레를 넘어 하이데거를 수용했음을 밝힌 바 있다.

어떤 의미에서 나는 보프레와 하이데거에 대해 자주 이야기하지 않았습니다. 나는 고등학교 2학년과 대학 초년 시절 스탕달 거리에 있는 그를 여러 번 방문했습니다. 그때는 매우 좋았습니다. 하지만 그 후, 그가 탕플 거리로 이사한 시점부터, 나는 왜인지 모르게 분위기의 변화를 느꼈습니다. 그의 주변에 친위대가 있었고 저는 교수자격시험을 치르기도 전에 배제된 느낌을 받았습니다.… 그럼에도, 예를 들어 ≪데카르트의 회색 존재론에 관하여≫는 보프레가 고등학교 때 계속해서 제기했던 물음에 대한 답변의 시도였다고 말해야 합니다. 그것은 아리스토텔레스와 데카르트의 관계에 관한 물음, 그리고 대상이 존재자와 어떻게 다른지에 관한 물음이었습니다. 이는 또한 오랫동안 나 자신에게 던졌던 물음이기도 했습니다.… 그래서 나는 조금은 거친 하이데거적 방법론을 얻게 되었는데, 이는 놀랍도록 효과적이었습니다. 정말로 하나의 접근 방식이 있었는데, 그것은 보프레가 가르쳐 준 것이었습니다.… 왜 알키에도 그런 작업, 그런 방법을 받아들였을까요? 알키에 역시 자신만의 방식으로 데카르트에 대한 특별한 시각을 가지고 있었기 때문입니다. 그의 데카르트는 무언의 존재에 관한 데카르트였고, 존재 없는 대상 이론에 관한 데카르트였습니다. 따라서 그는 대상을 존재자와, 또한 데카르트를 아리스토텔레스와 대비하는 것이 매우 좋다고 생각했습니다. 저는 이 ≪데카르트의 회색 존재론에 관하여≫를 보프레와 알키에 모두에게 헌정할 수 있었고, 두 사람 다 이에 대해 불쾌해하지 않았습니다. 오히려 그 반대였죠.… 제가 하이데거를 읽으면서 철학사에 관심을 두기 시작했을 때, 저에게 자주 영향을 미친 것은 하이데거의 철학사였습니다.… [다만] 저는 ≪데카르트의 백색 신학에 관하여≫를 끝내기 전까지, 즉 1980년 전까지는 하이데거 그 자체에 대해서는 관심을 두지 않았습니다.(Janicauld & Marion, 2001: 211-212)

이처럼 마리옹의 하이데거는 보프레를 경유한 하이데거였으며, 마리옹은 보프레 덕분에 하이데거를 따라 철학사를 이해하는 시야를 얻게 되었다. 또한 마리옹에게, 특히 그의 데카르트 연구에 중요한 것은 하이데거만이 아니라 알키에와 더불어 데카르트 자체에 던진 그의 고유한 물음이었다. 아울러 마리옹 자신의 증언에 따르면 그가 하이데거의 철학 자체에 본격적으로 관심을 보이기 시작한 것은 1980년 국가박사 학위 논문 제출 이후였다. 그렇다면 1986년 ≪데카르트의 형이상학적 프리즘에 관하여≫는 하이데거의 시각이 더 강하게 서려 있으면서, 그 전에 데카르트에 관해 쓴 두 저술의 문제의식도 이어받고 있다고 추정할 수 있다.

그렇다면 ≪데카르트의 형이상학적 프리즘에 관하여≫에서 마리옹은 무엇을 하는가? 그보다 앞선 원인의 형이상학과 백지 상태의 신학에서 비롯한 핵심 화두들은 두 가지로 요약할 수 있다. 하나는 존재자의 대상성이 이성적 합리성을 따라 고찰되는 원인의 형이상학 아래 다루어진다는 점이고, 다른 하나는 바로 그 점 때문에 존재하는 것이 내가 사유하는 한에서 다룰 수 있는 대상이 되었다는 점이다. 여기에는 데카르트의 철학을 세계에 대한 표상의 철학으로 보는 하이데거의 해석이 어느 정도 반영되어 있다. 하이데거에 따르면 데카르트의 세계는 그 자체로 유의미하거나 현존재의 거주 공간이 되기보다는 사유하는 자아 앞에 세워진, 표상될 수 있는 대상으로 규정된다. 마리옹은 이를 어떤 면에서는 하이데거보다 훨씬 정교한 해석으로 보여 준다. 마리옹의 해석에 따르면, 데카르트의 형이상학은 이성적 합리성을 경유하지 않으면 그리고 그 합리성을 따라 파악되는 인과성의 질서에 놓인 대상의 대상성에 입각하지 않고서는 존재자를 파악할 수 없는 것으로 본다. 이 점에서 데카르트는 원인을 따라, 어쩌면 더 근원적으로는 원인을 파악하는 사유를 따라, 사유를 토대로 존재-신-론을 성취한다. 마리옹은 이렇게 말한다.

> 오히려 데카르트 형이상학의 본질을 이해하기 위해 그 결정적 범위를 측정하는 것이 적절하다. 사유(cogitatio)로부터 우리는 하나의 결과를 얻었다. 사유된 것으로서 존재자(ens ut cogitatum)는 사유의 존재-론을 드러내며, 이는 모든 그러한 (더 이상 존재하는 한에서가 아니라 인식되는 것인 한에서의) 존재자에 그 자체로 적용된다. 사유를 실행하는 시선의 반성은 이어서 자기원인의 기능을 가진 탁월한 존재자를 지시하는데, 이는 오직 자아(cogito)만이 요구할 수 있고, 요구해야만 하는 것이다. 이로부터 존재-신-론의 완전한 모습이 따라 나온다.… **사유 대상**에 대한 존재-신-론적 구성[이 그것이다.](Marion, 1986: 110-111)

데카르트에게서 사유는 다른 존재자를 '인식하는 한에서의 존재자'로 대상화하는 기능을 수행하며, 이 사유의 능력을 발휘하는 자아는 곧 존재자의 존재를 정당화하고 보증하는 토대 역할을 한다. 여기서 데카르트는 존재자 일반을 규정하는 전통 형이상학의 탐구를 이어받되 자아가 바로 존재자의 존재를 규정한다는 입장으로 선회해 형이상학을 쇄신한다. 이는 '존재'-'신'-'론(학)'에서 '존재'를 로고스로서 이성적·논리적 체계성을 갖춘 학문적 틀로 보증하는 일차적 과제를 성실하게 수행하는 결과로 이어진다.

그렇다면 이 맥락에서 '신'은 어떻게 사유되는가? 신 역시 자아에 의해 인식 가능한 대상처럼 여겨진다. 즉 데카르트적 존재-신-론의 로고스에서 완전히 빠져나가지 못한다. 물론 데카르트는 신을 파악할 수 없는 자로 규정한다. 하지만 마리옹에 따르면 데카르트는 로고스의 기능을 신뢰했고, 이를 (위 인용문의 표현에 따르자면) "탁월한 존재자"에 대해서도 여지없이 실행한다. 마리옹은 이를 데카르트의 다음과 같은 발언에서 충분히 확인할 수 있다고 적는다.

> 그리고 내가 무한한 것을 파악하지 못한다는 것도, 혹은 내가 도저히 파악할 수 없고 사유로 닿을 수조차 없는 다른 것이 신 안에 무수히 많이 있을지도 모른다는 것도 장애가 되지 않는다.… 내가 바로 이것을 이해한다는 것만으로,… 내가 모르는 다른 무수한 것들 또한 형상적으로 또는 탁월하게 신 안에 존재한다고 내가 판단한다는 것만으로도 충분하다. 이는 내가 신에 대해 갖는 관념이 내 안에 있는 모든 관념 가운데 가장 참되고 가장 명석판명한 관념이기 위한 조건을 충

족하기 때문이다.(Descartes, 1964a/2021: 46/71-72)

여기서 일견 데카르트는 신을 무한, 곧 파악할 수 없는 분으로 공경하는 것처럼 보인다. 하지만 묘한 모순 또는 역설이 있다. 파악할 수 없는 무한이 어떻게 "가장 명석판명한 관념"일 수 있는가? 마리옹이 파고드는 지점이 바로 이것인데, 여기서 "여전히 신은 사유 대상으로 남아 있다. 신은 사유의 대상으로서, 이미 인지적으로 그를 겨냥하는 법칙에 복종해야 한다"(Marion, 1986: 109). 이것이 바로 신을 "사유된 것으로서 존재자"로 만드는 데카르트 특유의 사유의 자장(磁場)이다.

이에 마리옹은 데카르트에게 일어나는 존재-신-론의 배가(倍加)에 관해 말한다. 데카르트에게서는 사유 대상에 관한 존재-신-론이 원인의 형이상학을 따라 다시금 성취된다. 이는 마리옹이 ≪데카르트의 회색 존재론에 관하여≫에서 데카르트의 원인의 형이상학을 조명하며 확인한 바를 재확증하는 것이다. 데카르트에게 존재자는 언제나 사유된 것으로서 존재자이자 인과성에 종속된 대상으로 간주된다. 이런 분류에서는 신도 예외일 수 없다. 신 역시 작용인에 대한 유비를 통해 알려질 수 있는 자기원인으로 간주된다는 점에서 원인의 형이상학에 종속된다.

다시 말해 "여기서 원인은 예외 없이 모든 존재자의 존재를 규정한다.… 그 어떤 존재도 원인의 존엄성을 인정하지 않을 수 없고, 인정하지 말아야 할 이유도 없다.… 더 나아가 만일 특별히 어떤 존재자가 원인으로부터 제외될 수 있다면, 그 이유 또한 제시해야 할 것이다. 따라서 피할 수 없는 결과가 나온다. 신조차도, 만약 신이 존재하고 그의 존재가 증명될 수 있고 증명되어야 한다면, 원인에 속한다. 신은 원인을 따라 존재하는 한에서의 존재자라는 말에서 예외가 되지 않는다"(Marion, 1986: 113).

특히 데카르트 자신이 확언했듯, "우리가 신에게 부여한 원인의 존엄성"(Descartes, 1964b/2012: 242/213)은 다름 아닌 우리, 곧 사유하는 내가 스스로 부여한 것이다. 따라서 신은 다시금 나의 사유 존재에 종속되는 것처럼 보인다. 이로써 존재-신-론은 원인의 형이상학을 따라 다시금 성취된다. 이제 "우리는 우리의 해석을 다시 한번 확인한다. 원인의 우위성은 … 사유에 집착한다. 따라서 원인은 사유된 것으로서 존재자에 관한 존재-신-론에 종속된다. 원인은 이 존재-신-론의 현저하고 부지런한 일꾼으로, 특히 그 한계에 대해 어떤 이의도 제기하지 않는다"(Marion, 1986: 117). 이로써 하이데거가 존재-신-론이라고 부른 서구 형이상학, 특히 개념 또는 사유 체계에 종속하는 자기원인으로서 신은 데카르트에게 한 번은 사유를 계기로, 다른 한 번은 (사유에 결국 매달리는) 원인을 매개로 삼아 오롯이 성취된다.

존재-신-론에서 이탈하는 데카르트

그런데 과연 이것이 데카르트 형이상학의 전부일까? 마리옹은 자신이 정립한 해석 중간에 여전히 예외적인 것처럼 보이는, 데카르트의 신에 관한 이해를 심어 놓는다. 이를테면 데카르트에게 신은 사유의 대상이긴 하지만 여전히 파악할 수 없는 자로, 곧 무한으로 규정된다. 무한도 여전히 사유 대상이지만 사유에 완전히 담아낼 수는 없는 자라는, 바로 이런 식의 규정 덕분에 데카르트의 형이상학은 하이데거의 존재-신-론 비판을 피해 간다고 볼 여지가 생긴다. 마리옹은 말한다. "무한, 달리 말해 파악할 수 없는 힘을 가리키는 이 이름은 사유의 존재-신-론을 흘러넘친다. 이는 … 새로운 물음에 대한 길을 낸다."(Marion, 1986: 111)

마리옹은 데카르트가 '무한'을 구체적으로 어떻게 말하는지 더 깊이 탐구한다. 여기서 우리는 데카르트가 무한을 대하는 근본 태도를 나타내는, 마리옹이 강조하는 다음 두 가지 언급에 주목해야 한다. 우선 마리옹은 데카르트가 1630년 4월 15일 마랭 메르센(Marin Mersenne)에게 보낸 편지에서 다음과 같은 언급을 찾아낸다.

> 반면 신의 위대함은 우리가 알고 있음에도 완전히 이해할 수 없는 것입니다. 하지만 우리가 그것을 이해할 수 없다고 판단한다는 바로 그 사실이 우리로 하여금 그것을 더욱 크게 존중하게 만듭니다.(Descartes, 1987: 145)

또한 1641년 1월 28일 메르센에게 보낸 편지에는 10년이 넘는 세월 동안 더 강화된 데카르트의 신에 대한 존중이 드러난다.

> 나는 모랭[장바티스트 모랭(Jean-Baptiste Morin)]의 소책자를 훑어보았습니다. 그의 주된 잘못은 곳곳에서 무한을 마치 그의 정신 안에 있는 것처럼 다루고 있다는 점입니다. 그리고 무한의 속성들을 이해할 수 있다고 본 것도 잘못입니다. 나는 이러한 잘못을 조심스럽게 피하려고 했습니다. 내가 무한을 다룬 이유는 거기에 복종하기 위해서지, 그것이 무엇인지 또는 무엇이 아닌지를 규정하기 위해서가 아니었습니다.(Descartes, 1975: 293)

데카르트에게 무한이 제아무리 사유의 대상으로 여겨진다고 하더라도, 그것은 동시에 존중과 복종의 대상으로도 인식된다. 이러한 존중과 복종 속에서, 파악할 수 없는 신의 고유한 이름인 무한은 내가 경배해야 하는 신임이 분명하다. 그렇다면 적어도 이 지점에서 데카르트는 존재-신-론을 벗어난다고 할 수 있다.

이 맥락에서 하이데거가 존재-신-론을 정의하며 신에 대해 한 말을 살펴보자.

> 신은 우리가 우선 존재와 존재자 간 차이의 본질의 전초지로 생각하는 품어 줌(Austrag)을 통해 철학에 들어온다. 이 차이는 형이상학의 본질 구조의 기본 윤곽을 이룬다. 품어 줌은 산출하는 근거로서의 존재를 도출하고 부여하며, 이 근거 자체는 그것이 근거 지은 것으로부터 그것에 합당한 근거 지음, 즉 가장 근원적인 사태에 의한 원인화를 필요로 하는데, 이것이 자기원인으로서 원인이다. 이는 철학에서의 신에 대한 적절한 이름이다. 이 신에게 인간은 기도할 수도 없고, 제물을 바칠 수도 없다. 자기원인 앞에서 인간은 경외감을 가지고서 무릎을 꿇을 수도 없고, 이 신 앞에서는 음악을 연주하거나 춤을 출 수도 없다. 이에 따라 철학의 신, 즉 자기원인으로서 신을 포기해야 하는 무신론적 사유가 오히려 신다운

신에 더 가까울 수 있다. 이는 여기서 단지 다음을 의미한다. 그것은 존재-신-론이 인정하고 싶어 하는 것보다 신에 대해 더 자유롭다. 이 언급을 통해 사유의 길에 약간의 빛이 비칠 수 있을 것이다. 이 사유는 형이상학에서 형이상학의 본질로, 차이 자체의 망각에서 품어 줌의 스스로 물러나는 은닉의 역운으로 되돌아가는 물러섬을 수행한다.(Heidegger, 2006: 70-71)

자기원인은 근대 형이상학의 대표적 신 개념이다. 자기원인은 우리의 사유 대상이자 존재-신-론에 부합하는 방식으로, 인식 가능한 존재자로, 원인의 형이상학 아래 탄생한 신이다. 이러한 신, 곧 개념 앞에서 우리가 전통적 의미의 신비로운 신에게 하듯 기도하고 찬양하는 일, 경외감을 가지고 꿇어 엎드리는 일은 부적절하다. 그런데 마리옹이 잘 지적한 것처럼, 데카르트에게는 자기원인으로서의 신만 있는 것이 아니라 파악할 수 없는 신비로서의 무한도 있다. 이 무한 앞에서 데카르트는 존경과 복종의 마음을 명시적으로 표한다.

물론 이것만으로 데카르트가 존재-신-론을 완전히 극복했다고 볼 수는 없다. 마리옹이 확증하는 것은 데카르트에 내재한 이중성, 즉 형이상학의 존재-신-론적 구성에 입각한 그의 고유한 체계적 사유와 이 구성으로부터 이탈하는 신에 대한 존중이라는 이중성이다. 이는 데카르트와 더불어 그리고 데카르트 안에서 근대 형이상학의 존재-신-론적 구성을 엿보면서 그 한계도 함께 들여다볼 수 있는 계기가 된다. 결론적으로 마리옹은 이러한 데카르트 철학의 특성에 관해 다음과 같이 평한다. "이렇게 데카르트는 우리에게 가장 가까운 동시대인 중 한 사람으로 남는다.… 데카르트는 우리에게 형이상학의 존재-신-론적 구성의 작용을 가르쳐 주는 동시에 그 구성의 한계를 인식하게 해 그것이 결국 폐기될 수 있음을 드러내는 지점에 이르렀다."(Marion, 1986: 378)

요컨대 마리옹에게 데카르트는 근대 형이상학의 존재-신-론을 스스로 성취했고, 또 스스로 그 노선에서 이탈해 탈형이상학으로의 이행 가능성을 몸소 보여 준 독특한 사상가다. 존재-신-론적 구성의 성취와 이탈이라는 두 측면을 모두 함축하고 있는 것이 다름 아닌 데카르트의 형이상학이다.

참고문헌

박승찬(2010). “형이상학의 대상에 대한 논쟁. 철학적 신론 vs. 보편적 존재론: 스콜라철학 융성기를 중심으로”. ≪중세철학≫, 16, 109-173쪽.

이상섭(2013). “실제 학문(scientia realis) vs. 보편 학문(scientia universalis)”. ≪중세철학≫, 34, 41-82쪽.

Descartes, R.(1964a). *Meditationes de prima philosophia(Œuvres de Descartes. Tome VII)*. Publiées par Charles Adam & Paul Tannery. Paris: J. Vrin. 이현복 옮김(2021). ≪제일철학에 관한 성찰/자연의 빛에 의한 진리 탐구/프로그램에 대한 주석≫. 문예출판사.

Descartes, R.(1964b). Responsio authotis ad primas Objectiones; Responsio ad quartas Objectiones. *Meditationes de prima philosophia(Œuvres de Descartes. Tome VII)*. Publiées par Charles Adam & Paul Tannery. J. Vrin. 원석영 옮김(2012). ≪성찰 ①: <성찰>에 대한 학자들의 반론과 데카르트의 답변≫. 나남.

Descartes, R.(1975). *Correspondance III: Janvier 1640 - Juin 1643(Œuvres de Descartes. Tome III)*. Publiées par Charles Adam & Paul Tannery. Paris: J. Vrin.

Descartes, R.(1987). *Correspondance I: Avril 1622 - Février 1638(Œuvres de Descartes. Tome I)*. Publiées par Charles Adam & Paul Tannery. Paris: J. Vrin.

Heidegger, M.(2006). Die onto-theo-logische Verfassung der Metaphysik(1956/1957). *Identität und Differenz*, pp. 55-73. Pfullingen: Günther Neske.

Janicauld, D. & Marion, J-L.(2001). Jean-Luc Marion: Entretien du 3 décembre 1999. *Heidegger en France: Entretiens*, pp.

210–227. Paris: Albin Michel.

Marion, J–L.(1986). *Sur le prisme métaphysique de Descartes: Constitution et limites de l'onto–théo–logie cartésienne.* Paris: Presses Universitaire de France.

04

탈형이상학적 신-담론: 존재 없는 신

마리옹을 독창적인 종교적 철학자로, 또 탁월한 신학자로 널리 알리는 데 가장 큰 역할을 한 책은 ≪존재 없는 신≫이다. 근대 이후만 놓고 보더라도 시대마다 칸트의 ≪이성의 한계 내에서의 종교≫나 슐라이어마허의 ≪종교론≫, 키르케고르의 ≪공포와 전율≫처럼 종교철학 그리고 신학계에 일대 혁신을 일으킨 종교철학적 저술이 있다. 20세기 후반, 또 그 영향력이 이어진 21세기 초반에는 마리옹의 ≪존재 없는 신≫이 바로 그러한 저술이었다. 왜 이 책의 영향력이 지대했는지, 책의 핵심 개념과 아이디어를 톺아보면서 알아보자.

신앙의 형성과 신학의 심화

≪존재 없는 신≫의 내용을 살펴보기에 앞서, 마리옹이 비교적 이른 나이부터 종교철학에 지대한 관심을 쏟은 배경을 알아보자. 그러한 관심은 어린 시절부터 형성된 마리옹의 가톨릭 신앙에서 비롯한다. 즉 그것은 사상적 관심이기에 앞서 신앙이었다. 이에 대해 마리옹이 자신의 가까운 제자 중 한 명인 당 아르비브(Dan Arbib)와 나눈 대담에 담긴, 유년 시절 가톨릭 신앙 형성에 관한 솔직한 고백을 들어 보자.

> 저는 제가 매우 자랑스럽게 여기는 가톨릭 전통, 즉 가톨릭 공화주의자들의 가문 출신입니다. 혁명 이후 근대 가톨릭에는 공화국과 힘을 합친 이들과 이를 거부한 이들이 있었습니다. 저는 첫 번째 그룹에 속합니다. 이들은 주저 없이 공화국에 동조했고, 드레퓌스 옹호파였으며, 악시옹 프랑세즈와 페탱 그리고 비시 정권에 반대했습니다. 이는 페기, 베르나노스, 드골, 모리아크 등의 전통을 따르는 것이었죠. 어떤 의미에서 이는 우파가 아니었습니다. 만약 우파를 악시옹 프랑세즈, 반드레퓌스주의, 반공화주의, 페탱주의 등으로 정의한다면 말입니다. 저는 '국가에 대한 봉사'를 강조하는 이러한 사상들 속

에서 자랐습니다. 어릴 때부터 성가대원이었고, 많은 것을 배웠으며 제게 깊은 인상을 남긴 결정적인 전례 체험을 했습니다. 저는 매우 일찍부터 전례 행위의 엄숙함을 진지하게 받아들였습니다. 그 후 고등학교에 들어가서는 자연스럽게 가톨릭 운동, 즉 그리스도교학생청년회(JEC)에 참여했습니다. 심지어 제가 다니던 고등학교에 JEC 지부를 설립하기도 했는데, 이는 3～4년 정도 지속되었습니다. 결국 꽤 큰 규모의 그룹을 이끌면서, 저는 제가 프랑스공산당학생조직(UEC) 같은 코뮤니즘 성향의 고등학생들 등 대중 운동에 참여하는 다른 이들과 협상하는 데 너무 많은 시간을 쏟고 있음을 깨달았습니다.(Marion, 2012: 40-41)

이 증언에서 보듯 마리옹은 어린 시절부터 가톨릭교회에서 봉사했고 전례를 통한 신앙 체험을 했다(이 체험은 그의 신-담론에도 매우 주요하게 반영되어 있다). 또한 여기서 '가톨릭 공화주의'란 표현도 프랑스 문화와 사회의 분위기를 익히는 데 도움이 된다. 프랑스는 소위 혁명의 나라, 특히 68년 5월혁명으로 대표되는 20세기의 사회·문화적 진보를 상징하는 나라이자 세속주의 원칙이 가장 잘 지켜지는 나라로 알려져 있다. 그런데 이것만 보면 프랑스의 공화주의와 뿌리 깊은 가톨릭 문화를 간과하게 된다. 프랑스는 역사적으로 유럽 가톨릭 문화와 교육의 중심지 역할을 했다. 지금도 가톨릭 신앙은 프랑스에서 중산층을 중심으로 문화적으로나 종교적으로 나름 큰 영향을 발휘하고 있다. 마리옹도 바로 이런 흐름에 속해 있다고 할 수 있다.

근래 조금 달라진 모습도 있지만, 프랑스 가톨릭은 예전부터 정치적으로는 보수적 경향을 보였다. 이것이 가톨릭 공화주의라는 흐름으로 나타난다. 물론 이때 '보수'는 우리 정치 상황에서처럼 다소간 극우적 경향을 보이는 보수가 아니라 자유·평등·박애의 가치를 기반으로 삼아 공화국 프랑스의 정신과 유산을 계승하려는 흐름에 가깝다. 이것이 드레퓌스를 옹호하고 드골을 지지하는 방향으로 발전했다.

마리옹의 가톨릭 배경으로 다시 돌아가자. 유년 시절 주일 미사 시간 전례 체험과 교회 성가대 활동, 가톨릭 학생운동 등으로 신앙을 형성한 마리옹은 철학을 공부하면서 자연스럽게 자신의 신앙을 학술적으로 심화하기에 이른다. 이러한 신앙의 신학적 심화는 교회의 변화와 맥을 같이 한다. 특히 1960년대 유럽 교회뿐 아니라 사회 전체에 획기적 변화를 일으킨 중요한 사건이 있었는데, 그것은 다름 아닌 제2차 바티칸 공의회였다. 많은 가톨릭 신자들과 학자들이 그랬던 것처럼 마리옹도 여기에 큰 영향을 받는다.

68년 5월혁명이 사회의 급진적 변화를 꾀했다면, 로마 가톨릭교회의 제2차 바티칸 공의회는 교회의 혁신을 통해 느리지만 사회의 변화, 종교 간 대화를 촉진하는 중요한 사건이었다. 1869~1870년 있었던 제1차 바티칸 공의회는 교회 교도권의 지배력을 강화하고, 시대와 불화하는 여러 제안을 내놓았으며, 형이상학화된 아퀴나스 곧 네오토미즘(neo-Thomism. 신토마스주의)을 그 사상적 기반으로 삼았다. 반면 1962~1965년 열린 제2차 바티칸 공의회는 쇄신을 뜻하는 아조르나멘토(Aggiornamento)를 기치로 삼아 새로운 시대 문화에 적응하겠다는 가톨릭교회의 선언을 천명했다. 특히 제2차 바티칸 공의회는 1930년대부터 일어난 '새로운 신학(Nouvelle théologie)' 운동과 네오토미즘을 넘어서려는 여러 진취적인 신학적 도전을 기반으로 삼아 교회의 개방성 증진과 시대에 대한 적응을 꾀했다. 아울러 이에 더해 형이상학화된 신-담론이나 교리를 극복하는 듯한 결론을 내놓는 혁신을 이루었다.

마리옹 역시 사상적으로 새로운 신학 운동의 관점과 방법을 흡수한다. 이 운동의 대표자로는 프랑스에서는 이브 콩가르, 앙리 드 뤼박, 장 다니엘루 등이 있고, 이 외에 스위스의 한스 우르스 폰 발타사르, 벨기에의 에드바르트 스힐르베이크스(Edward Schillebeeckx), 독일의 카를 라너

(Karl Rahner)와 요제프 라칭거(Josef Ratzinger) 등의 신학자들을 들 수 있다. 이들은 세부 관심사는 달랐지만 교조화된 신학을 답습하기보다 신학의 원천으로(Ad fontes) 돌아가는 접근법을 구현했다는 공통점이 있다.

마리옹은 이러한 새로운 신학 운동과 당대 교회의 신학을 변화시키는 흐름을 주도하던 폰 발타사르와 같은 인물의 영향을 받으며 자신의 종교철학적 입장을 정립해 간다. 흥미로운 것은 이러한 영향 아래 마리옹이 벼려 낸 ≪존재 없는 신≫이 1982년 출간되었다는 점이다(Marion, 1982). 1982년이면 마리옹이 한창 데카르트를 연구하던 시절이다. 즉 마리옹은 데카르트를 연구하면서도 혁신적인 신-담론을 내놓기 위한 사유의 끈을 붙들고 있었던 것이다. 그리고 이 책은 1991년 "카드리주(Quadrige)"판으로 새로 나왔고, 특히 2002년 카드리주판 재판본이 출간되면서 여러 중요한 추가 논고를 덧붙이는 등 비교적 큰 개정 작업을 거쳤다(Marion, 2002). 이는 마리옹이 1982년 이후에도 ≪존재 없는 신≫에 매우 큰 주의를 기울였음을 방증하는 대목이다. 이제 그 속으로 들어가 보자.

우상과 아이콘

마리옹의 신-담론은 우상과 아이콘을 구별하면서 시작한다. 이러한 구별은 참된 신을 가르는 규준처럼 작동한다. 우선 우상이 무엇인지 알아보자.

> 우상은 결단코 가상적인 것이라고 비난받을 만한 것이 아니다. 왜냐하면 정의상 그것은 보이는 것[*eidôlon*(*eidô, video*)]이기 때문이다. 우상은 단지 볼 수 있다는 것, 오직 볼 수 있다는 것에 지나지 않는다. 그리고 너무나 명백하게 볼 수 있어서 그것을 보는 행위(*eidôlon*) 자체만으로도 그것을 알기에 충분한 것이 우상이다. 곧 본(*oïda*) 사실만으로 알게 되는 것이다. 이 우상은 인간의 시선에 자신을 드러내어 표상, 즉 인식이 그것을 포착할 수 있게 한다.(Marion, 2002: 18)

우상은 봄으로써 충만하게 보이는 것, 나의 시선에 넘치지 않고 그대로 보이는 것을 말한다. 주어진 것을 보는 작용과 이 보는 시선 아래 보이게끔 주어진 것 자체는 크게 문제 될 것이 없어 보인다. 그런데 여기서 신이 문제가 될 수 있다. 신이 나의 보는 작용 아래 환원된다면, 그때 신은 나의 시선에 종속된 것이지 나의 시선에서 흘러넘치는 것이 아니다. 그 신은 유한한 나의 인식 작용 아래 갇힌 신이 되고, 무한이나 신비가 소거된 채 나타나는 존재자가 된다.

마리옹은 이렇게 나의 시선이나 인식 작용으로 신을 축소하거나 환원하는 것을 문제 삼는다. 성서의 탈출기에는 신의 계명을 모시러 간 모세가 시나이산에서 내려오지 않아 불안해진 이스라엘 사람들이 금으로 송아지 형상을 만들어 그것을 신으로 간주하자 신이 격노한 사건이 나온다. 이스라엘 사람들은 송아지 자체를 신으로 삼은 것이 아니다. 그저 자신들의 불안감을 없애기 위해 자신들의 시선을 만족시켜 줄 형상을 만들고, 이를 신으로 여겼을 뿐이다. 무한한 신은 인간의 표상 아래 유한한 시선에 부합하는 방식으로만 존재하게 되고, 이것이 신이 된다. 그런데 과연 이것이 참다운 신인가?

마리옹은 이러한 의문을 철학과 신학에 적용한다. 오랫동안 철학은 개념으로 묘사된 완전한 존재를 신으로 간주했다. 이는 데카르트의 철학에서도 드러나는 바다. 자기원인이라는 개념화된 신은 인과성에 종속된 형태로, 작용인의 유비를 따라 알려지는 존재자로 전락한다. 바로 이러한 철학적 사유를 마리옹은 "형이상학의 개념적 우상숭배"(Marion, 2002: 26-27)로 간주한다. 마리옹은 이를 다음과 같이 상세하게 설명한다.

우리 서구인은 형이상학이 완성되면서 우상을 미학적으로 포착할 수단을 결여하게 됐지만, 다른 수단들은 여전히 남아 있거나 심지어 번창하고 있다. 예를 들어 개념이 그렇다. 개념은 정신이 먼저 그것과 함께 포착한 것(*concipere*, *capere*)을 기호로 기록한다. 하지만 이러한 포착은 신의 광대함보다는 오히려 하나의 수용력(*capacitas*)의 범위를 따라 측정된다. 이 수용력은 신에 대한 어떤 개념이 그것을 채울 때, 즉 그것을 진정시키고, 멈추게 하고, 고정할 때만 신성을 이러저러한 개념으로 고정한다. 철학적 사유가 '신'이라고 부르는 것에 대해 하나의 개념을 제시할 때, 이 개념은 정확히 우상처럼 작동한다. 그것은 보이기를 자처하지만, 이로써 오히려 더욱 교묘하게 자신을 숨긴다. 마치 거울처럼, 그 안에서 사유는 보이지 않게 자신의 진전의 위치를 받아들인다. 그 결과, 보이지 않는 것은 고정된 개념에 의해 중단된 시선과 함께 자격을 상실하고 버려진다. 사유는 경직되고 '신'의 우상적 개념이 나타나는데, 여기서 신보다는 사유 자체가 스스로를 판단한다. (하이데거가 지적한 대로) 형이상학의 개념적 우상들이 자기원인에서 정점에 이르는 것은 존재-신-론의 형태들이 모두 신적인 것을 향해 나아가는 그들의 진전의 마지막 점을 하나의 개념 안에 기재하려 했기 때문인데(플라톤, 아리스토텔레스), 이는 그리스도교의 신에서도 마찬가지였다.(Marion, 2002: 26)

우리는 이러한 우상으로서의 신을 이해하기 위한 훌륭한 예비 학습을 거쳤다. 마리옹의 데카르트 해석은 그 근대의 현자가 신을 작용인의 유비를 따라 파악되는 자기원인으로 이해했음을 보여 주었다. 이러한 이해가 바로 신에 관한 형이상학적 우상숭배다. 신의 무한하게 무한한 거리나 신비 곧 보이지 않는 심연은 없어지고, 신은 우리가 이해할 수 있는 시선의 깊이와 인식의 수용력을 따라 축소된 형태로 우리에게 받아들여진다.

마리옹의 신-담론은 하이데거의 존재-신-론 비판을 명시적으로 제시하면서 자기원인이라는 철학의 신 그리고 이 신이 그리스도교로 들어온 것 자체를 더 직접적으로 비판하기 위해 개념에 대한 우상숭배적 사유를 거론한다. 자기원인처럼 개념화된 신이 진정 신이라면, 이 신은 이미 개념으로서 우리의 인식 능력 안에 있으므로 그 신을 섬길 방도나 이해할 방식 모두 내가 정하는 대로 규정될 것이다. 바로 이에 대한 통찰이 우상에 대한 마리옹의 종교철학적 이해에서 핵심을 이룬다.

만일 진정으로 철학이 신에 대한 우상숭배를 발전시켰다면, 이를 극복하는 길은 어디에 있는가? 마리옹은 그 길을 내기 위해 우상과 대립하는 아이콘 개념을 벼려 낸다.

> 아이콘은 봄에서 비롯되는 것이 아니라 봄을 유발한다. 아이콘은 보이지 않지만 … 나타나거나 더 원초적으로 나타나는 것처럼 보인다.(Marion, 2002: 28)

마리옹에게 아이콘은 보이지 않는 것을 통해 봄의 혁신을 불러일으키는 효과를 내는 어떤 것을 뜻한다. 아이콘이라고 할 때 우리가 종교적 차원에서 제일 먼저 떠올릴 수 있는 성상인 이콘을 생각해 보자. 특히 동방정교회에서 많이 활용되는 이콘은 종교적 인물을 형상화한 조각상이나 그림을 가리킨다. 이러한 이콘 앞에서 기도와 찬미의 표현을 하는 신자들은 이콘 자체를 숭상한다기보다 이콘 너머의 그리스도나 성인을 향한다. 이때 이콘은 보이는 것으로 우리의 시선을 환원하는 것이 아니라 보이지 않는 신비의 심연으로 우리를 인도하는 것처럼 보인다.

그런데 마리옹은 이러한 종교적 표현물로서 성상보다는 그리스도라는 아이콘 자체에 초점을 맞춘다.

> 우상이 그것을 향하는 시선에서 비롯되는 반면, 아이콘은 시야를 소환해 보이는 것이 … 점차 보이지 않는 것으로 포화되도록 한다.… 또는 … 보이지 않는 것이 보이는 것을 규정해 그로부터 추론하고 그 안에서 보이는 것을 나타나게 한다.

이러한 의미에서 성 바울이 그리스도에게 적용한 공식, *eikôn tou theou tou aoratou*, 즉 보이지 않는 신의 형상(골로사이인들에게 보낸 편지, 1:15)이 우리에게 규범이 되어야 한다. 이는 실제로 명시적으로 보이지 않는 것의 무한한 과정을 감행함으로써 모든 아이콘에 일반화되어야만 한다.(Marion, 2002: 29-30)

즉 마리옹에게 종교철학적 의미에서 아이콘으로 간주되는 것은 그리스도다. 아이콘으로서 그리스도 앞에서 한 사람의 신자는 그리스도를 자기 시선으로 포획하는 것이 아니라, 봄을 포화시키는 보이지 않는 그리스도를 따라 새로운 봄 또는 변형된 봄으로 나아간다. 달리 말해 나는 아이콘으로서 그리스도를 표상해 내 앞에 세울 수 없고 내 시선이 그리스도에 부합하게끔 변형되는 경험을 한다. 이때 시선의 변형이란 아마도 보이지 않는 아이콘인 그리스도가 주는 어떤 가르침에 의해 나의 관점과 태도가 변경되는 것으로 이해해도 좋을 것이다. 실제로 마리옹은 아이콘을 가르침으로 표현하기도 한다.

아이콘은 보이지 않는 것을 그 자체로 보이게끔 하며, 이에 보이는 것이 끊임없이 자신 외의 다른 것을 가리키도록 하되,

그 다른 것이 결코 보이는 것 안에서 표상되지 않게끔 한다.… 아이콘은 시선에 가르침을 주며, 따라서 시선이 보이는 것에서 또 보이는 것으로 이행하며 무한의 심연까지 거슬러 올라가 거기서 새로운 것을 찾도록 끊임없이 개정한다. 아이콘은 시선이 결코 하나의 보이는 것에 고정되지 않고 자신을 초월하도록 요구한다.… 아이콘을 바라보는 시선은 결코 쉬거나 멈출 수 없으며, 항상 보이는 것에서 솟구쳐 보이지 않는 것의 무한한 흐름으로까지 거슬러 올라가야 한다. 이러한 의미에서 아이콘은 오직 무한한 시선을 불러일으킴으로써만 보이는 것을 보이게 한다.(Marion, 2002: 29-30)

보이지 않는 아이콘은 나를 가만두지 않는다. 우상이 시선으로 보이는 것을 고정해 실은 보이지 않는 것조차 규정된 어떤 것으로 만드는 반면, 아이콘은 나를 무한한 어떤 것으로까지 소환하는 힘이다. 이를테면 그리스도의 아이콘은 보이지 않는 성부의 무한으로 나를 소환한다. 혹은 보이지 않는 그리스도의 아이콘은 실제적인 도덕적 가르침을 줌으로써 내가 이해하는 그리스도에 관한 표상 너머로 나를 이끈다. 한 예로 그리스도가 한 부자 청년을 만났을 때, 그 청년은 영원한 삶을 얻기 위해 무엇을 해야 하는지 그리스도에게 묻는다. 이에 그리스도는 가진 것을 팔아 가난한 이들에게 나눠 주라는 가르침을 주고, 부자 청년은 자신의 기대와는 다른 가르침으로 인해 그리스도를 더 보거나 따르지 못하고 그에게서 돌아서고 만다(마르코의 복음서, 10:17-22). 이처럼 그리스도의 아이콘은 개념으로 붙잡히지 않으며 우리의 시선을 보이지 않는 새로운 신비와 가르침으로 이끈다.

혹시나 일어날 오해를 방지하기 위해, 또 논의를 정리하기 위해 한 가지 사안을 덧붙인다. 앞서 이해를 돕기 위해 나는 성서의 금송아지 이야기를 끌어왔다. 자칫 이 사례는 오해를 불러올 수 있다. 우리는 마치 특정한 존재가 그 자체로 우상이라고 간주할 수 있다. 우리는 직감적으로 '신의 형상을 대체하는 금송아지가 우상이다!'라고 여길지 모른다. 하지만 마리옹이 말하는 우상은 그러한 것이 아니다. "요컨대 아이콘과 우상은 다른 존재자들과 마주하는 존재자들로 규정되지 않는다. 이는 동일한 존재자들(조각상, 이름 등)이 한 범주에서 다른 범주로 이행할 수 있기 때문이다. 아이콘과 우상은 존재자들의 두 가지 존재 방식을 결정하는 것이지, 존재자의 두 부류를 규정하는 것이 아니다."(Marion, 2002: 16)

이처럼 우상과 아이콘의 관계는 역동적이다. 그 관계는 시선과 더불어 일어나는 사태다. 특정한 신성을 표시해 놓은 대상에 시선을 머물게 하는 것이 우상이지, 애초에 대상의 존재 자체가 우상인 것은 아니다. 우상은 시선을 얼어붙게 하고 특정한 신성에 고정함으로써 현혹하는 것이며, 아이콘은 시선을 보이는 것에 매어 두지 않고 보이지 않는 것으로 이끄는 것이다. 즉 특정 대상을 우상으로 간주하는 것은 우리의 욕망이나 시선의 중요성은 무시한 채로 존재론적 위계나 특정 존재에 대한 불필요한 집착만 낳을 뿐이다. 우상과 관련한 마리옹의 다음과 같은 현상학적 기술을 잊지 말아야 하는 이유가 여기 있다.

> 오직 이 광채만이 우상이라는 이름을 가질 자격이 있다는 것은 물질적인 얼굴에서 이 광채를 인식하기 위해 그에 상응하는 시선의, 곧 최초의 가시성으로 침전되고 고정되는 시선의 필요성에 의해 입증된다. 우상이 인간의 척도에서만 신성이 도래하도록 허용하는 것이기 때문에, 인간은 이렇게 우상숭배의 경험을 예술로 기록하고, 그렇게 함으로써 모든 이에게, 항상 그런 것은 아니더라도, 최소한 신의 신자들에게, 그리고 신들이 떠나지 않는 한 그것에 계속 접근할 수 있게 한다. 예술이 우상을 만들어 내는 것도 아니고, 우상이 시선을 만들어 내는 것도 아니다. 시선이 고정되면서, 최초로 보이는 것이 그 찬란함으로 터져 나오는 장소를 표시한다. 그때

> 예술은 단지 물질적으로, 이차적으로 그리고 우리가 보통 우상이라고 부르는 것을 통해 신의 광채를 기록하려고 시도한다. 이 광채만이 우상이라는 이름에 걸맞다는 것은, 물질적인 표면에서 이 광채를 알아보기 위해서는 그에 상응하는 시선 즉 그러한 최초의 보이는 것과 함께 겨냥된 시선이 침착되고 고정되는 일이 일어나야만 한다는 사실로 입증된다.(Marion, 2002: 25-26)

예술이, 인간의 제작이 곧장 우상을 만들어 내는 것이 아니다. 아울러 금송아지 같은 것이 있는 그대로 우상 자체로 작동하는 것도 아니다. 문제가 되는 것은 바로 시선이다! 우상은 신의 광채를 기재 또는 기입할 뿐이며, 이 광채에 사로잡히는 것은 그에 상응하는 시선이다. 그러므로 모든 예술 작품을, 그것이 우상처럼 작동한다고 해도 비난할 필요는 없다. 마리옹이 초점을 맞추는 것은 우상의 존재 자체가 아니라 그 존재 방식이며, 더 궁극적으로는 개념으로 우리의 시선을 굳어지게 하는 개념에 대한 우상숭배다.

우상에 대한 이런 규정을 염두에 두면서 이에 대립하는 것, 곧 우리의 시선을 하나의 대상에, 특정한 신성이 기록된 대상에 고정시키고 그것을 그저 숭배하게 두지 않는 아이콘으로서 신에 대한 논의로 이행하자. 마리옹은 이 아이콘을 아가페라는 이름으로 구체화해서 이해하려고 한다.

아가페: 존재 없는 신의 이름

마리옹은 그리스도를 아이콘으로 규정하는 데 만족하지 않고, 개념화되지 않는 신의 적절하고 고유한 이름을 찾으려 한다. 그 이름은 다름 아닌 아가페, 곧 사랑이다. 왜 아가페인가? 가장 단적인 이유로는 아가페가 성서에 등장하는 신의 이름이라는 점을 들 수 있다. 아가페라는 이름은 그리스도교 전통 종교철학의 기본 지향과 잘 어울린다는 이점을 지닌다. "하느님은 사랑이십니다."(요한의 첫째 편지, 4:16)

철학적으로는 더 중요한 의미가 있다. 아가페는 어떤 개념 규정, 곧 우상화를 거부할 수 있는 이름이다.

> 아가페로 생각하는 것은 시선을 우선 보이는 것에 고정하거나 보이지 않는 거울에 얼어붙게 하는 것을 모두 금한다.… 개념은 정의상 파악하는 것을 통해 이해하는 것을 모아 내고, 그 결과 거의 불가피하게 우상으로 그치는 데 반해, 사랑은 … 이해하려고 하지 않는다. 사랑은 전혀 가지려고 하지 않기 때문

이다. 사랑은 자신의 줌을 전제로 한다. 이 줌에서 주는 자는 어떤 제한·보류·통제도 없이 그 선물과 엄격히 일치한다. 따라서 사랑은 자신을 버림으로써만 자신을 준다.(Marion, 2002: 74)

개념화 작업이 언제나 이해 또는 인식의 작용으로 보이지 않는 것조차 우상으로 굳어지게 하는 반면, 사랑은 그러한 작업을 회피한다. 사랑은 기본적으로 이해의 작업이 아니기 때문이다. 신이 인간을 사랑한다고 할 때, 더 정확하게는 사랑하기로 했을 때, 신은 인간을 헤아리지 않는다. 만일 인간을 헤아리게 되면 이 인간이 사랑할 만한 자인지 그렇지 않은 자인지 규정하는 방향으로 나아갈 수 있을 것인데, 이 경우 사랑은 조건적인 것으로 전락하고 만다.

마리옹은 신의 사랑을 절대적 선물로 규정한다. 내게 조건이나 기준을 부과하는 것이 아니라 자신을 온전히 내어줌으로써 사랑하는 자를 사랑하는 것이 신의 사랑이고, 이런 사랑의 신은 우리가 이해할 수 있는 수준을 넘어선 것으로 도래한다.

바로 이런 점에서 신의 사랑은 절대적인 줌의 성취인 선물로 이해될 수 있다. 이와 관련해 마리옹은 자신을 완전히 내어 주는 그리스도의 행위, 곧 케노시스를 중요하게 언급하며 이를 사랑과 연관시킨다. “예수는 십자가 위에서 자신의 주권을 걸었다. 그는 그것을 잃기를 감수함으로써만 그것을 얻는다. 이 케노시스적 상실은 죽음에 이르고, 무엇보다 지옥으로의 하강에 이르러 가장 높은 주권으로 나타나는데, 그것은 정확히 말해 무제한적이고 보편적이며 따라서 전능한 사랑의 주권이다.… 그 사실로 인해 단번에 케노시스와 케노시스로서 신성을 증명한다.”(Marion, 2002: 271)

이처럼 신적 사랑의 주권과 논리는 자신을 인간에게 선물로 주는 행위로 입증된다. 아가페, 곧 사랑은 이러한 주어짐과 선물의 논리 안에서 전개되며, 그리스도의 자기비움(케노시스)을 통해 성취된다. 곧 “‘모든 지식을 능가하는’(에페소인들에게 보낸 편지, 3:19) 과도한 아가페가 … 존재/존재자를 가로지른다.… 이 아가페만이 정의상 알려지지 않고 존재하지 않지만 자신을 내어 준다”(Marion, 2002: 153).

요컨대 아이콘으로서 그리스도는 자기를 비우고 종의 형체 즉 인간으로 옴으로써, 보이는 자기만이 아니라 그 자신을 신의 자기계시이자 선물로 보인다는 점에서 우리에게 아이콘으로 작동한다. 또한 우리를 보이지 않는 성부인 신에게 무조건적으로 데려간다는 점에서 사랑을 입증한다.

이것이 바로 아가페의 논리이자, 신의 이름이 그 정의상 존재 너머의 아가페로 불려야 하는 이유다.

하지만 문제가 남아 있다. 과연 그리스도의 아이콘은 어떻게 우리를 성부에게로 데려가며, 그 자신이 선물로 우리에게 현전하는 사건을 지금 여기에서도 성취할 수 있는가? 그것은 약 2000년도 더 된 지나간 일이 아닌가? 마리옹은 이 문제에 두 가지 방식으로 접근한다. 하나는 개인의 조금 더 내밀한 차원을 향한 접근이고(김동규, 2015: 5장 참조), 다른 하나는 공동체 차원에 호소하는 논증이다. 여기서는 마리옹의 신-담론에서 결론 역할을 하는 후자에 초점을 맞추려 한다.

성찬례의 해석학

우리는 어떻게 아이콘으로서 그리스도를 통해 보이지 않는 신에게 가닿을 수 있을까? 이 지점에서 마리옹은 자신의 고유한 가톨릭 신앙 지향을 드러낸다. 마리옹은 성찬례를 통해 아이콘인 그리스도를 접하고, 이로써 보이지 않는 신에게로 우리의 시선을 옮기는 것이 가능하다고 본다. 물론 이 이행은 내 힘이 아니라 성체성사를 통한 수동적 변경을 바탕으로 한다.

어떻게 이런 일이 가능한가? 본인 스스로 일관되게 철학자이길 원하는 마리옹이지만, 적어도 이 지점에서는 신학자에 가까운 성향을 드러낸다. 가톨릭에서 성체성사는 빵과 포도주를 사제의 집전에 따라 나누는 성사(sacrament)로서 신앙 의례다. 이 의례에서 그리스도의 살은 빵으로, 피는 포도주로 육화한다. 이로써 아이콘인 그리스도와 마주하는 일이 가능해지는데, 이것은 바로 **여기 그리고 지금** 일어나는 일이다. 이 **여기 그리고 지금**은 우리가 일상적으로 마주하는 시공간이 아니라 성체성사 안에서 현전한 그리스도의 아이콘을 통해 갱신된 현재로 작동한다. 이 현재는 그리스도와 공존하는 시간으로, 그리스도가 도래할 미래를 기대하는 현재다.

> 성찬의 현전은 매 순간, 바로 그 순간의 선물로 그리고 그 선물 안에서 우리가 편입되어야 할 그리스도의 몸으로 우리에게 도래한다.… 영광이 아이콘의 출현을 둘러싸듯이, 시간은 우리가 그 안에서 성찬으로 주어진 현재를 받을 수 있도록 현재의 선물로 형성된다. 시간과 성찬의 현재는 우리의 근시안적 시선에서 주어진 순간들과 순간적인 선물들이 혼동되는 한에서만 겉보기에 연속성을 띠고 지속된다.… 이 해석은

여기 그리고 지금의 탈환을 전제하며, 따라서 '일상적 시간 개념'에서 그것의 우위성에 대한 비판을 수반한다. 이 비판은 다시 현재를 재해석하는 것에 기반을 두고 있는데, 이는 현재를 하나의 서약으로 부여하는 기억과 현재의 완성을 촉구하는 종말론적 부름을 토대로 삼는다.… 우리는 미래에 의한 시간화가 여기에서도 모든 것을 규정한다고 말할 수 있다.(Marion, 2002: 248-249)

성찬례에서 시간은 그리스도를 마주함으로써 낯설게 되고, 변형된다. 일상 안에서 우리는 우선 그리고 대개 지금 내가 접하는 시간과 공간을 우위에 두고서 삶을 살아간다. 지금 내가 보고, 느끼고, 만지고, 지각하는 모든 것이 마치 전부인 것처럼 생각하기 쉽다. 하지만 성체성사의 전례 안에서는 그러한 시간이 일단 중단된다. 한 사람의 신자인 나는 과거에 온 그리스도, 지금 빵과 포도주로 현전한 그리스도, 결국에는 미래에 도래할 그리스도에 대한 기대로 여기 그리고 지금의 시간을 갱신하는 일을 성취한다. 즉 성체성사가 나의 시간과 삶을 재규정한다.

급기야 마리옹은 이러한 사태를 성찬례의 해석학이라고 부르면서, 이것이야말로 신학의 기초이자 신학자의 준거점이 되어야 한다고 선언한다.

> 만약 말씀(Verbe)이 성찬례의 순간에만 몸소 직접 개입한다면, 해석학(곧 기초신학)은 오직 성찬례 안에서만 일어나고 그 안에 자신의 장소를 갖게 될 것이다. 첫 번째 원리(신학자는 말씀의 관점에서 해석함으로써 텍스트를 말씀에 이르기까지 이행해 들어가야 한다)는 여기서 광기를 피하게 해 주는 기반과 규범을 발견한다. 신학자는 해석학의 장소를 (즉 해석자인 말씀으로부터 지시체인 말씀을 향해 텍스트로 이행하는 해석학을) 오직 성찬례 안에서만 획득한다.… 신학자는 성찬례 안에서 자기 자리를 찾는다. 성찬례 자체가 해석학을 위한 장소로 자신을 제공하기 때문이다.(Marion, 2002: 212)

마리옹에 따르면 계시와 신앙을 이해하는 근간으로서 기초신학 또는 해석학, 더 나아가 신학자의 해석 작업은 성찬례를 준거점으로 삼는다. 이 말은 계시 이해가 특수한 학문 방법론이나 형이상학의 원리에 의존하지 말고, 오히려 체험에 의존해야 한다는 말처럼 보인다. 혹자는 되물을 수 있다. 주관적 체험이 신학과 계시의 준거점이 될 수 있느냐고 말이다.

이에 대해서는 두 가지 설명을 할 수 있겠다. 첫째, 성찬례의 체험에서 말씀인 그리스도를 받아들이는 데 주요한 틀이 되는 것은 내 인식 주관이나 범주가 아니라 그리스도의 주어짐 자체다. 즉 그리스도인 아이콘은 빵과 포도주로 현전함으로써 내 눈앞에 보이는 빵과 포도주 너머의 그리스도 자체와 성부에게로 내 시선을 향하게 한다. 둘째, 빵과 포도주를 통해 그리스도를 접하는 체험은 사제의 권위 아래 이루어진다. 이 점에서 나의 체험은 사제의 권위에 종속되어야 하고, 이는 다른 모든 신학자에게도 마찬가지다. 즉 체험하는 이는 나지만, 내 시선은 이 체험을 나만의 방식으로 해석하는 것이 아니다. 왜냐하면 이 체험에 사제의 집전이라는 권위가 작용하기 때문이다.

이로써 사제의 집전 아래 변모된 말씀 자체인 그리스도의 아이콘만이 계시 이해의 주도권을 지닌다.

> 회중은 해석학이 말들이 아닌 **말씀**을 이해할 수 있게 해 주기를 요청한다. 그리고 해석학이 이어진다. 성찬례를 집전하는 사제는 (루가의 복음서 24:27처럼) '해석을 수행'하며 집전을 시작한다. 이때 공동체는 아직 그 안에서 (제자들처럼) 인격적인 말씀을 구분하지 못한다. 강론이 언어적으로 수행하는 해석은 … 성찬례 의식에서 완성되어야 한다. 그 의식에서 말씀은 눈에 보이지 않지만, 빵을 떼는 행위에서 자신을 알리고, 사제를 자신의 **인격**으로 특징짓고, 자신을 동화시키는 이들을 자신에게 동화시킨다.(Marion, 2002: 214)

계시 해석학은 사제의 해석 수행을 따라 그 규범을 마련하며, 신자는 그저 한 사람의 신자로서 계시를 장악하는 것이 아니라 그 아래 종속되기에 이른다. 그리고 다른 모든 신학과 그 권위 역시 성찬례 안에서 말씀 자체에 의존하게 된다. "요약하자면, 신학은 말씀으로의 자체적인 전환 외에 다른 어떤 진보도 목표로 할 수 없다. 신학자는 다시 주교가 되거나 아니면 공동의 성찬례에서 가련한 한 사람의 신자가 된다."(Marion, 2002: 221)

결론적으로 마리옹은 형이상학적 존재-신-론의 우상을 극복하기 위해 아이콘의 그리스도와 마주하는 길을 택했고, 우리가 여기 그리고 지금을 갱신하는 성찬례에서 구체적으로 이 길에 들어설 수 있다고 주장한다. 이것은 분명 유의미하지만, 다른 한편으로 권위주의로의 투항이라는 비판을 들을 만하다. 마리옹의 주장을 따르자면 신에 대한 해석은 사제와 주교의 권위를 거쳐야 하므로 신을 참으로 이해하는 길은 한 사람의 가련한 신자가 되는 길 외에는 없는 것처럼 보인다. 비록 이후 펼쳐지는 마리옹의 신-담론이 다른 여러 가능성을 함축하기는 하지만, ≪존재 없는 신≫에서 그의 종교적 신-담론은 "가톨릭으로 특수화한 종교"(Smith, 2002: 95)의 담론임은 분명하다.

참고문헌

김동규(2015). ≪선물과 신비: 장-뤽 마리옹의 신-담론≫. 서강대학교출판부.

Marion, J-L.(1982). *Dieu sans l'être*. Paris: Fayard, Collection "Communio".

Marion, J-L.(2002). *Dieu sans l'être: Hors-texte*(2e édition, "Quadrige"). Paris: Presses Universitaires de France.

Marion, J-L.(2012). *La rigueur des choses: Entretiens avec Dan Arbib*. Paris: Flammarion.

Smith, J. K. A.(2002). *Speech and Theology: Language and the Logic of Incarnation*. London & New York: Routledge.

05
주어짐의 현상학: 세 가지 환원

마리옹은 1980년대 후반부터 데카르트와 17세기 철학을 위시한 형이상학의 사가나 종교철학의 전문가에 안주하지 않고, 현상학적 사유의 새로운 돌파구를 마련하는 데 힘쓴다. 마리옹의 노력은 '주어짐의 현상학'이란 용어로 수렴된다. 주어짐의 현상학은 마리옹의 철학에서 가장 독창적인 대목이라고 할 수 있다. 마리옹은 자신의 이 고유한 현상학이 전통 현상학을 극복하는 방식을 세 가지 환원으로 설명한다.

주어짐을 따라 해석되는 현상학적 전통

마리옹이 자기 고유의 '주어짐의 현상학'을 정립할 때 그 기초로 삼은 것은 이전 현상학에 대한 비판적 해석, 곧 현상학의 창시자 에드문트 후설(Edmund Husserl)과 마르틴 하이데거에 대한 비판적 해석이다. 즉 마리옹은 전통 현상학이 현상학적 철저성에 이르지 못한 채 멈춘 지점이 어디인지 짚은 다음, 바로 그 지점에서부터 새로운 길을 개척하려 한다. 특히 이 작업에서 마리옹은 대부분의 현상학적 철학에서 쟁점이 되어 온 현상학적 주체 이후의 주체에 관한 물음을 던진다. 마리옹에 따르면 후설과 하이데거 그리고 마리옹 자신으로 이어지는 세 가지 '환원'은 주체성과 현상의 관련성 문제를 둘러싼 현상학 내부의 모순과 투쟁에서 핵심으로 작동한다.

마리옹은 이를 오롯이 보여 주기 위해 그의 첫 번째 현상학 저서인 ≪환원과 주어짐: 후설, 하이데거, 현상학에 관한 연구(Réduction et donation: Recherches sur Husserl, Heidegger et la phénoménologie)≫에서 후설과 하이데거의 현상학을 환원의 두 형태로 주제화해 재해석한다. 마리옹에게 현상학은 무엇보다 주어짐/주어진 것(donation/donné)이 주체(그것이 초월적 순수 자아이건 현존재이건)의 구성 작용에 종속되지 않은 채 절대적으로 자유롭게 나타나고 주어지는 사건을 정당화하는 작업이다. 마리옹은 이러한 자신의 작업 태도가 바로 후설이 다음과 같이 주어짐에 부과했던 우위성에 충실한 태도라고 본다. "절대적 주어짐이 궁극적이다."(Husserl, 1973: 61)

두 가지 환원: 대상성과 존재

그러나 마리옹의 비판에 따르면 후설은 현상의 주어짐에 긍정적 지위를 부여했음에도 현상을 대상성(Gegenständlichkeit)으로 환원하고 말았다. 후설에게 대상의 대상성은 지각되는 개별 대상의 본질을 규정할 뿐 아니라 이념적 본질이나 종, 사태 일반 등을 포괄적으로 가리키는 말로 사용되는데, 마리옹은 후설의 현상학에서 현상이 언제나 주체와 상관적으로 다뤄짐으로써 결국에는 대상성으로 환원되고 만다는 점에 주목한다.

실제로 후설이 말하길, "판단하는 자는 대상을 향해 있으며" 바로 그 "판단하는 사람이 이러한 대상성에 대해 개체적이든 일반적이든 다양한 '그것이 어떤 상태에 있음'을 획득한다"(Husserl, 1974: 120). 이런 점에서 이 세계의 대상은

(그 성격이 어떠하건) 언제나 "나에 대한 존재"(Husserl, 1976: 92)로 이해되고, 이 '나'가 지닌 "순수 의식이 후험적인(a posteriori) 모든 존재와 관련해 '절대적 우위성'을 갖는다"(Marion, 1989b: 234). 절대적 주어짐의 우위성이 대상의 대상성을 부과하는 순수 자아의 우위성으로 변질되는 이러한 귀결이 적어도 후설의 주요 저술 일부에서 나타난다. 이것이 바로 현상학적 운동의 첫 번째 환원, 곧 대상성으로의 환원이다.

두 번째 환원은 하이데거에게서 비롯한다. 이는 하이데거의 다음과 같은 발언에서 비교적 명확하게 나타난다. "탐구의 시야를 소박하게 파악된 존재자에서 존재로 되돌린다는 의미에서의 현상학적 방법의 근본 요소를 우리는 현상학적 환원으로 지칭한다."(Heidegger, 1975/1994: 29/45) 하이데거의 환원은 기본적으로 우리의 현상학적 탐구가 존재자에 대한 소박한 시선에 머무는 것을 넘어 존재하는 것의 존재 의미로 이행하는 것을 말하는데, 마리옹은 이러한 환원의 작업이 전개되는 가운데 주어짐의 은폐도 곧이어 발생한다고 본다.

하이데거는 존재자에서 존재로 우리의 시선을 돌리고, 이 과정에서 존재를 묻는 자로서 현존재에 대한 실존 분석을 통해 존재 이해를 위한 기초를 놓는 데 관심을 둔다. 그렇다면 주어지는 것으로서 현상은 어떤 지위를 갖는가? 마리옹은 하이데거가 현상의 주어짐을 사실상 "존재의 현상"으로만 탐문한다고 비판한다(Marion, 1989b: 249). 즉 ≪존재와 시간(Sein und Zeit)≫에서부터 현상에 대한 하이데거의 이해는 존재 물음에 종속된 형태로 펼쳐진다. 이 과정에서 문제로 떠오르는 것은 존재를 묻는 자로서 현존재다. 하이데거에게 존재는 우선 존재에 걸려 있고, 존재 물음을 던지는 현존재에 대한 탐구와 더불어 논의되어야 하기 때문이다. 그렇다면 하이데거의 기획은 주어짐의 현상성 자체에 대한 탐문이 아니라 "실존론적 분석이라는 현재의 접근을 기반으로 삼아 이 존재를 현상적으로 얻어 낼 길"(Heidegger, 2006/1998: 181/248)을 모색하는 것이 된다.

요컨대 하이데거에게서 현상은 실존론적 분석의 주제인 현존재의 존재 방식을 기술하는 차원에서 논의될 뿐이다. 마리옹의 비판에 따르면, 바로 이 점에서 하이데거 역시 주어짐을 그 자체로 특권화하기보다 존재 혹은 존재 의미로 환원해 이해하거나 현존재의 존재 이해 구도 내에서 존재를 이해하기 위한 길을 찾는 계기 정도로 활용한다. 결국 하이데거에게 "현상학이 존재자의 존재에 대한 학문, 즉 존재론"(Heidegger, 2006/1998: 37/60)이라면, "현존재는 모든 존재론의 존재적-존재론적 가능 조건"(Heidegger,

2006/1998: 13/30)이므로 "현상학적으로 존재의 선행성은 오직 현존재 분석론의 선행성을 통해서만 전개되고 정당화될 수 있다. 따라서 우리는 존재 이해로서 현존재가 모든 존재자와 모든 지엽적인 존재론적 탐구에 대해 절대적인 현상학적 선행성을 가진다는 것을 인정해야 한다"(Marion, 2002: 66).

더 나아가 마리옹은 하이데거의 이러한 태도가 심지어 ≪존재와 시간≫ 이후에도 지속된다는 점을 지적한다. 한 예로 하이데거는 1941년 프라이부르크대학교 여름학기 강의에서 이렇게 말한 바 있다. "지금은 오로지 우리를 향한 본질적인 것의 말건넴(Anspruch des Wesenhafte)에 내맡겨지기를 원하는가, 그렇지 않은가에 대한 성찰과 내적인 선택만이 우리를 구해 준다."(Heidegger, 1981/2012: 14/35) 여기서 하이데거는 분명히 현존재의 선택에 대해 말하는 것처럼 보이는데, 마리옹은 이를 두고 다음과 같이 비판한다. "만일 이렇게 말건넴이 참된 물음을 제공하고 참된 선택을 열어 준다면, 그것은 본질적으로 들으려 하지 않는 퉁명스러운 거부의 가능성을 내포한다. 만일 현존재가 들을 귀를 갖지 못한다면, 이때 존재는 들리게 될 수 없고, 존재의 '현상'도 현시될 수 없을 것이다."(Marion, 1989b: 282)

이처럼 현상학의 초창기 사유에서 후설과 하이데거 모

두 주어짐을 절대적인 것으로 간주한다고 선언하거나 현상학을 존재론적 탐구를 가능하게 하는 유일한 탐구 방법으로 삼는 등 주어짐을 특권화하기 위한 시도를 야심 차게 시행했다. 그렇지만 마리옹이 보기에 이 시도의 목적을 온전히 성취하기 위해 두 철학자가 감행한 두 가지 환원은 주어짐을 각각 '순수 자아와 상관된 대상성'이나 '현존재에 대한 현상학적인 실존론적 분석하에 이해되는 존재'로 종속시키는 결과를 낳고 말았다.

마리옹은 이 두 가지 환원하에 주어짐 대신 주체의 주체성이 부상한다는 것을 주장하는 데 만족하지 않고, 자기 고유의 세 번째 환원을 제시하는 방향으로 나아간다. 마리옹이 여기서 핵심 대화 상대자로 삼는 것은 앞서 그가 스스로 극복의 대상으로 삼은 하이데거다. 마리옹은 비록 하이데거가 주어짐을 현존재의 존재 이해로 국한하기는 했지만, 그가 자신의 기획 속에 현존재 자체를 극복할 수 있는 새로운 계기를 심어 두었다는 점에 주목한다.

세 번째 환원: 부름과 순수한 주어짐

마리옹이 보기에 하이데거의 현존재는 기본적으로 세계

를 현존재 자신과 도구적 연관 아래 있는 의미의 세계로 열어 밝히는 작업을 감행한다. 말하자면 현존재의 '손 가까이 있음(Zuhandensein)'으로서 세계는 개념적으로 구성되는 대상이 아니라 현존재의 존재 이해 안에서 도구적으로 이해되거나 해석되는 세계다. 하이데거가 제시한 유명한 망치의 예에서, 내게 주어진 망치는 오로지 내 앞에 있는 대상으로 규정된다고 해서 그 존재의 의미를 드러내는 것이 아니라 망치질하는 현존재의 도구적 사용의 맥락에서 그 의미를 오롯이 드러낼 수 있다. 이러한 현존재의 사용은 존재 의미의 이해 차원에서 주어짐보다 우위를 점하는 것처럼 보이지만, 마리옹은 하이데거가 어떤 중요한 지점에서는 자신이 설정한 그런 우위에서 이탈하는 면모를 보인다고 지적한다.

잘 알려져 있듯 현존재의 자기 이해는 다른 무엇보다 현존재를 절대적 유한성에 직면하게 하는 '죽음을 향한 존재(Sein zum Tode)'를 체험할 때 탁월하게 이루어진다. 이 체험은 세계에 대한 구성이 아니라, 죽음이라는 현상 앞에서 비본래적인 세속적 인간(Das Man)으로서 자기 자신이 해체되고 새로운 자기로 재구성되는 체험으로 간주할 수 있다. 여기서 "현존재"는 단지 "실체성으로 보증될 수 없으며", 죽음을 통해 정립되는 새로운 "일인칭의 위험에 스스로 처한다는 이유에서 그 고유한 존재에 이르게 된다"(Marion, 1989a: 79).

바로 여기서 마리옹은 현존재가 그 자신에게 가장 본래적인, 죽음을 향한 존재로 나아가게 하는 결정적 계기로서 '결단성(Entschlossenheit)'에 주목하며 자신의 고유한 논점을 더한다. 이 "결단성이 … 구체적으로는 여러 현상 속에서 자신을 준비시키며 자신의 갈피를 잡게 한다. 이는 불안의 문제며, 죄책 가능성 또는 탓이 있는 양심 그리고 죽음을 향한 존재의 (선취) 문제"와 관련된다. 마리옹은 바로 이 세 가지 계기 즉 불안, 양심, 죽음이 현존재의 결단성에서 절대적 유한성에 대한 이해로의 이행을 규정하는 핵심 요소라고 본다. 우선 "불안은 … 무에 대한 현상학적 시련으로 이끈다". 불안은 현존재를 어떤 대상이 아니라 막연한 존재의 위기에 처하게 한다. 이 위기 속에서 현존재는 비본래적 자기를 넘어 자기의 고유한 가능성으로 초대받는데, 이를 직접적으로 가능하게 하는 것이 바로 부름이다. "양심은 이 세계의 어떤 존재자에게 현존재를 열어 주는 것이 아니라 존재자 일반에 대한 그 고유한 초월, 홀로 세계를 여는 초월을 열어 준다."(Marion, 1989a: 80)

그런데 이렇게 열리게 된 초월은 구체적으로 무엇을 의미하고 무엇을 열어 주는가? "엄밀히 말해 … 양심은 존재자를 초월하는 한에서의 자기 자신 외에는 현존재에게 아무것도 열어 밝히지 않는다."(Marion, 1989a: 80-81) 오직 열리는 것은 자기 자신이고, 이렇게 열리는 본래적 자기로서 현존재는 궁극적으로 자신의 고유한 가능성의 극단인 죽음을 향한 존재에 이른다. 이 맥락에서 마리옹은 현존재가 죽음에 미리 도달하기 전에 먼저 양심의 부름을 받아야만 한다는 사실에 주목한다. 다름 아닌 "부름이 현존재를 가장 고유한 자기의 존재가능으로 불러 세우는 것"이고 현존재는 바로 이 부름 때문에 "자신의 가장 고유한 존재가능으로 불려 세워지는" 자이기 때문이다(Heidegger, 2006/1998: 273/365). 여기서 현존재는 근대적 주체가 누리는 자유와 능동성이 아니라 철저한 수동성과 익명성에 사로잡혀 있는데, 이것이 바로 형이상학적 주체 이후에 오는 새로운 주체성의 한 가지 모습이 될 수 있다.

아울러 이 지점에서 하이데거가 충분히 인식하지 못한 순수한 부름의 탁월성이 마리옹에게서 "세 번째 환원"(Marion, 1989b: 289)으로 제시된다. 순수한 부름은 초월적인 '구성하는 자아'나 현존재에 앞서 나를 부르기 때문에 현상 자체를 특권화하는 단초로 간주될 수 있다. 즉 부름 그 자체가 나를 불러 세움으로써 내가 아닌 부름이 특권화된다. 이 부름이 그 자체로 주어지는 것이라면, 특권화되는 것은 내가 아니라 부름의 주어짐이다. 이때 마리옹이 제안하는 환원은 현상을 다름 아닌 이 부름의 순수 형식으로 설정된 주어짐의 사실성으로 환원하려는 시도를 말하며, 이것이 시발점이 되어 주어짐의 현상학과 새로운 현상학적 주체 이론이 전개된다. "이제 다시 부름의 순수 형식으로 돌아가는 존재의 부름의 갱신은 … 마침내 모든 부름의 순수 형식으로 … 나타났다. 초월적 환원과 실존론적 환원에 이어, 이 부름으로의 환원이 개입한다."(Marion, 1989b: 296)

마리옹에 따르면, 애석하게도 하이데거는 이 세 번째 환원의 단초를 제시했음에도 현존재의 존재 이해와 존재 사건의 장 안에서 일어나는 주어짐에 집중하면서 이 순수한 주어짐으로서 부름을 은폐했다. 하이데거는 전회 이전에는 언제나 존재 이해를 위해 그 기초인 현존재 분석에 몰입했는데, 마리옹이 지적한 것처럼 현존재는 언제나 부름에 매인 채로 부름의 순수 형식을 거쳐야만 하는 숙명에 처한다. 하지만 하이데거에게 현존재는 이 부름의 순수한 주어짐에 머물 시간이 없다. 현존재는 자기의 결단을 통해 현존재의 본래적 삶으로 나아가야 하기 때문이다. 이 대목에서 마리옹이 주목하는 ≪존재와 시간≫의 관련 구절을 살펴보는 것이 중요하다.

> 자기성은 실존론적으로 오직 본래적인 자기존재가능에서만, 다시 말해 **염려로서**(*als Sorge*) 현존재의 존재의 본래성에서만 읽어 낼 수 있다. 본래성에서부터 주체의 추정상의 영속성으로서 **자기지속성**(*Ständigkeit des Selbst*)이 그 해명을 얻게 된다. 그런데 **본래적인** 존재가능의 현상은 또한 입지를 확보했다는 의미의 **자기지속성**에 대한 시야도 열어 준다. 부단한 입지의 견고성이라는 이중적 의미의 자기지속성은 결단을 내리지 않는 퇴락의 비자기지속성에 대한 **본래적** 반대 가능성이다. **자기지속성**은 실존론적으로 다른 것이 아니라 바로 선취적 결단성을 의미한다.(Heidegger, 2006/1998: 322/428)

마리옹은 이 대목에서 하이데거의 주체 물음과 관련해서 다음과 같은 한계를 지적한다.

> 그러므로 자기성은 다음과 같은 두 가지 특징을 제공하는 자기의 지속성에서 영속된다. 한편으로 그 자기성은 염려가 자기동일성의 방식으로 자기 자신과 현존재의 자기를 갱신해 줌을 오롯이 확증해 주는 자기지속성으로 확장된다. 다른 한편으로 자기의 지속성은 명백한 형이상학적 형태(소위 '주체의 지속성')를 이해할 수 있게 해 줄 뿐 아니라 그것을 본래성의 관점에서 이해할 수 있게 한다. 이런 점에서 현존재 분

석론은 … 구성하는 주체성의 형이상학적 변형태(avatar)를 다시 찾아내고 말았다.(Marion, 1989a: 82)

여기서 문제가 되는 것은 일차적으로 '주체'이지만, 일단 초점을 '현상의 주어짐'에 맞춰 보자. 하이데거가 발견한 부름의 순수 형식은 그 순수성을 더는 유지하지 못하거나 제안된 것에 그치고 만다. 하이데거가 부름의 말건넴을 언급하면서도 영속적으로 유지되는 자기의 지속성을 제안함으로써 현존재라는 현상학적 주체가 어떻게 자기 자신과 존재를 발견하는 방향으로 나아가는지에 관심을 두었기 때문이다. 이에 현상의 근원적 현상성은 은폐된 채로 남고 만다.

그렇다면 마리옹이 하이데거를 통해 세 번째 환원을 발견함으로써 얻어 낸 부름의 순수성은 구체적으로 무엇인가? 바로 이것이 마리옹이 말하는 현상학의 새로운 돌파구이자 '순수한 주어짐'이다. 후설도 하이데거도 주어짐의 절대성이 현상학적 사유의 근간으로 작동한다고 분명하게 언급했다. 하지만 양자 모두 순수 의식의 매개를 거쳐 정립되는 대상성(후설)이나 현존재의 존재 이해의 사건(하이데거)에 종속된 형태의 주어짐(또는 부름)만을 이야기할 뿐, 현상이 주어짐 그 자체로 환원되었을 때 우리에게 무슨 일이 일어나는가 하는 문제에 관해서는 별다른 사유를 전개하지 않는다.

마리옹은 후설과 하이데거가 멈춘 바로 이 지점에서 순수한 주어짐 현상이라는 사건이 현상학의 근본 작동 원리가 되어야 한다고 역설한다. 즉 후설이 말한 '절대적 주어짐'이나 하이데거의 '부름의 순수 형식'이라는 씨앗이 순수한 주어짐으로 환원된 현상학이라는 형태로 마리옹에게서 그 열매를 맺는다. 마리옹은 1989년 ≪환원과 주어짐≫을 출간한 이래 10년에 가까운 세월 동안 주어짐의 현상학을 벼려 내 ≪주어진 것: 주어짐의 현상학에 관한 연구(Étant donné: Essai d'une phénoménologie de la donation)≫(Marion, 1997)를 내놓는다. 여기서 마리옹은 다음과 같이 순수한 주어짐의 예시를 제시한다(이어지는 내용은 2013년에 나온 "카드리주" 판본에서 인용했다).

> [이를테면] 그림 자체는 그것을 지지하는 것(사물, 존재자)과의 간격을 유지하면서 나타나며, 항상 지지대 없는 (또는 그것을 흡수하는) 순수한 표면으로 자신을 제시하려고 하므로, 자연스럽게 주어진 것으로의 환원에 적합한 것이 된다. 그런데 다른 많은 현상들도 마찬가지로 대상성 없는 탁월한 현상으로 그 자신을 준다. 시간을 주는 것, 삶을 주는 것, 말을 주

는 것 또는 존재성 없이 죽음을 주는 것, 평화를 주는 것, 의미를 주는 것 등이 바로 그것이다.… 정의상 이런 것들은 아무것도, 어떤 대상도, 어떤 존재도 주지 않는다. 그리고 바로 이런 이유로, 그것들은 환원에 저항하지 않고 … 순수한 주어짐의 효과를 방해하지 않기 때문에 더욱 자명하고, 분명하며, 철저하게 자신을 준다.(Marion, 2013: 77-78)

그림의 묘사와 그 묘사를 생동감 있게 드러내는 색감 등이 주어질 때, 우리는 때때로 그러한 주어지는 것 자체에 시선을 빼앗긴다. 이때 우리는 그림에 사로잡힌 채 주어지는 것들을 그 어떤 대상화 작용이나 존재 물음으로 환원하지 못하고 작품에 대한 감탄과 경이에 빠진다. 바로 이런 것이 주어짐으로 환원된 현상학적 체험이며, 이 체험을 기술하는 것이 마리옹의 의도이자 새로운 현상학으로서 주어짐의 현상학이 해소하려는 과제다.

여기서 더 중요한 것은 순수한 주어짐으로 환원된 현상이 어떻게 현상학적으로 정당화될 수 있는지다. 이에 마리옹은 '순수한 선물'이라는 모형을 따라 주어짐이 우리에게 순수하게 나타날 수 있음을 입증하려 한다.

참고문헌

Heidegger, M.(1975). *Die Grundprobleme der Phänomenologie(Marburger Vorlesimg Sommersemester 1927. Gesamtausgabe 24).* von Herrmann, F.(hrsg.). Frankfurt am Main: Vittorio Klostermann. 이기상 옮김(1994). ≪현상학의 근본문제들≫. 문예출판사.

Heidegger, M.(1981). *Grundbegriffe(Freiburger Vorlesung Sommersemester 1941. Gesamtausgabe 51).* Jaeger, P.(hrsg.). Frankfurt am Main: Vittorio Klostermann. 박찬국·설민 옮김(2012). ≪근본개념들≫. 도서출판 길.

Heidegger, M.(2006). *Sein und Zeit* [1927]. Tübingen: Max Niemeyer Verlag. 이기상 옮김(1998). ≪존재와 시간≫. 까치출판사.

Husserl, E.(1973). *Die Idee der Phänomenologie: Fünf Vorlesungen.* Biemel, W.(hrsg.). Den Haag: Martinus Nijhoff.

Husserl, E.(1974). *Formale und transzendentale Logik: Versuch einer Kritik der logischen Vernunft(Husserliana XVII).* Janssen, P.(hrsg.). Den Haag: Martinus Nijhoff.

Husserl, E.(1976). *Ideen zu einer reinen Phänomenologie und phänomenologischen Philosophie. Erstes Buch: Allgemeine Einführung in die reine Phänomenologie(Husserliana III/1).* Schuhmann, K.(hrsg.). Den Haag: Martinus Nijhoff.

Marion, J-L.(1989a). Le sujet en dernier appel. *Revue de Métaphysique et de Morale, 96*(1), pp. 77-95.

Marion, J-L.(1989b). *Réduction et donation: Recherches sur Husserl, Heidegger et la phénoménologie.* Paris: Presses Universitaires de France.

Marion, J-L.(1997). *Étant donné: Essai d'une phénoménologie de*

la donation. Paris: Presses Universitaires de France.
Marion, J-L.(2013). *Étant donné: Essai d'une phénoménologie de la donation*(2e édition, "Quadrige"). Paris: Presses Universitaires de France.

06
순수한 선물

'순수한 선물' 모형은 마리옹의 주어짐의 현상학에서 주어짐의 모형으로 제시된다. 마리옹은 삼중의 환원을 통해 선물의 불가능성 주장이나 상호성에 기반한 선물 이론 모두를 피해 가려 한다. 아울러 순수한 선물을 가능케 하는 이론적 토대를 마련하는 데 집중한다. 이는 선물이 줌과 받음의 특성을 가장 잘 펼쳐 보여 주는 사태라는 데 착안해, 선물의 순수성이 보장되면 결국 주어짐의 순수성도 보장되기에 부족함이 없을 것이라는 사유 전략이 반영된 대담한 제안이다. 여기서 우리는 순수한 주어짐의 토대만이 아니라 선물 자체에 관한 진전된 이해를 얻을 수 있다.

순수한 선물: 주어짐의 현상학적 모형

마리옹은 순수한 주어짐으로 환원된 현상의 가능성을 현실화하기 위해 '순수한 선물'의 모형을 제시한다. 즉 선물이 누군가에게 순수하게, 보답에 대한 아무런 기대 없이 주어질 수 있다면 우리의 삶에서 순수한 줌과 받음이 불가능할 이유가 없다는 것이다. 이는 마리옹이 주어짐의 현상학을 정당화하는 핵심 논증이면서 현대 철학의 중요한 주제인 선물에 관한 논쟁에 중요한 화두다.

마르셀 모스(Marcel Mauss)의 선물 이론은 상호성의 논리를 기반으로 삼아 선물을 다룬다. 선물은 사회적 관계를 형성하고 유지하는 데 사용되며, 집단들 간의 협약이나 각 집단의 위신을 뽐내기 위한 수단처럼 사용되기도 한다. 그 과정에서 한 부족이나 집단이 다른 집단에 선물을 주는 행위는 어떤 형태로건 보답 행위를 통해 보상을 받는 방식으로 전개된다. 이는 선물이 순수한 주어짐이 아니라 언제나 교환의 차원에서 이루어지는 경제적 활동임을 보여 준다.

삼중의 환원

사정이 이렇다면 순수한 선물, 무조건적 줌과 받음, 상호성을 넘어선 줌과 받음은 어떻게 가능한가? 마리옹은 세 가지 환원, 더 정확하게는 삼중의 환원 또는 삼중의 괄호 치기를 통해 선물을 정당화하려고 한다.

우선 받는 자에 관한 괄호 치기가 있다. 마리옹은 NGO 단체에 기부하는 상황을 예로 든다. 물론 적지 않은 경우 이런 기부와 증여는 특정한 받는 자, 곧 선물의 수령자를 전제한다. 하지만 특정한 조건 아래서 주는 자여도 누가 자신의 돈이나 물품을 받을지 전혀 알지 못하는 상황 속에서 자신의 것을 준다. 한국의 장기 기증 상황을 예로 들자면, 기증 희망자가 자신의 장기를 사망 전이나 후에 본인 가족 외의 환자에게 기증하는 경우, 기증자는 그 장기를 이식받는 사람, 증여받는 환자에 대해 알 수 없다. 이 경우 받는 자는 익명성 안에 놓이며, 주는 자는 받는 자에게 그 어떤 보상, 심지어 감사의 말 한마디조차 들을 수 없다. 이렇게 "받는 자를 괄호 안에 넣는 것은 오히려 선물을 볼 수 있게 할 뿐 아니라, 우리가 그것을 이렇게 실천하고 있다는 것을 볼 수 있게 한다"(Marion, 2013: 126).

마리옹은 더 극단적인 사례로 '적'의 예를 든다. 내가 내

완전한 적수에게 선물을 준다면, 그 적수는 내게 어떤 보답도 하지 않을 것이다. 심지어 내가 준 것을 선물로 인식하지 않을 수도 있다. 이때 주는 자는 받는 자에게 어떤 보답이나 답례를 받을 수 없으며, 적은 적으로만 있을 뿐 선물을 받는 자로서는 익명적 차원에 놓이게 된다. 이처럼 "상호성이 불가능한 이 받는 자는 우선 '적'이라고 불린다. 이러한 불가능성은 우연히 그에게 속한 것이 아니라 그를 정의한다. 적으로 행동한다는 것은 결코 선물을 돌려주지 않고, 선물에 대해 오직 공격으로만 답하는 것을 의미한다"(Marion, 2013: 128).

그다음으로, 주는 자에 관한 괄호 치기가 있다. 선물을 주는 자가 완전하게 익명성 안에 머무른다면 선물을 받는 자는 그 어떤 답례도 할 수 없다. 매우 드문 경우이지만 우리는 알려지지 않은 유산이나 주는 자를 도무지 알 수 없는 기부의 사례를 알고 있다. 자신의 신분을 밝히지 않은 채 사회복지 단체나 어려운 이에게 돈이나 음식을 주는 사례는 드물지만 주변에서 찾을 수 있는 현실의 예다. 마리옹은 이런 식의 사례와 더불어 조금 더 극단적인 예로 주는 자의 죽음을 예로 든다. 주는 자가 자신의 것을 누군가에게 모두 주고 죽음으로 인해 부재하게 되면, 또는 줌을 결의한 유언장만 남긴 채로 사망에 이른다면, 그 결의를 따라 선물을 받은 이는 부재한 이에게 아무것도 돌려줄 수 없다. 마음으로 감사를 표한다고 하더라도 그 감사에 응답할 이는 적어도 받는 자가 사는 세상에는 없다.

> 사라지고 결핍됨으로써 주는 자는 실패하기는커녕 부재로 자신의 임무를 가장 잘 수행한다. 이런 주는 자는 진정으로 선물을 준다. 이 선물의 주어짐의 특성은 결코 의문시될 수 없을 것이다. 어떠한 반환도 (보답받는 자의 부재로 인해) 그 줌을 거래의 수준으로 떨어뜨릴 수 없기 때문이다. 주는 자는 완벽하게 사라짐으로써 완벽하게 행동한다.(Marion, 2013: 161)

마지막은 선물 자체에 관한 괄호 치기로, 대상화되지 않는 선물, 마리옹의 말로 하자면 "대상 없는 선물"(Marion, 2013: 147)로 환원될 가능성이다. 마리옹에 따르면 선물이 상호성의 교환 경제 안에 들어가는 것은 선물이 보답 가능하고 경제적으로 측정 가능한 대상이 될 때다. 만일 교환가치로 환원될 수 없는, 대상화될 수 없는 선물이 가능하다면 이때 우리는 순수한 줌으로서 선물을 체험할 수 있다.

어떤 경우 이러한 일이 가능할까? 마리옹은 사랑의 관계 속에서 내 몸이나 내 삶, 궁극적으로는 나 자신을 타인에게 맡기는 경우가 그러한 사례일 수 있다고 주장한다. 에로스 안에서 내 몸을 맡기거나 타인을 위해 전적으로 내 몸을 줄 때 나는 어떤 보답을 받거나 바라지 않는다. 내 수고를 통해 타인이 쾌락을 얻고 힘을 얻을 때 내 신체의 힘은 대상화되지 않고 경제적으로 수치화할 수 없는 방식으로 타인에게 몸소 자신을 준다.

> **자신을 직접 타인에게 주는 것.** 이 선물은 … 분명히 어떤 대상의 소유권 이전과 일치하지 않는다. 이는 타인이 내 몸을 사용하는 것을 허락하기 위해 내 몸을 넘겨주는 행위(함께 살거나 결혼하는 것, 혹은 타인의 성적인 부분을 누리는 것)는, 이 넘겨줌이 타인이 내 몸을 오롯이 차지하거나 다른 것과 바꾸는 대가가 되는 순간, 더 이상 자신을 내어 주는 행위가 아니게 된다는 데서 증명된다. 그런 전유와 교환은 나의 신체를 법적으로 결코 그렇지 않은 대상으로 해석한다. 나의 신체의 양도는 거래에서 선물을 무효화하고, 대상성을 위한 선물을 금지한다. 따라서 나의 신체를 타인에게 맡기는 것은 그 자체로 나를 타인에게 주는 것을 허용하지 않는다. 내 신체의 대상화는 그 선물을 실격시킨다. 내가 상호성(상환, 경제)에 반하여 나의 신체를 더 많이 내줄수록 나는 덜 주는 것이다. 나의 신체는 넘겨지지만 나의 마음은 간직되며, 주어

지지 않는다(Arletty). 선물은 대상에 있지 않은데, 이는 선물이 결코 대상에 해당하지 않기 때문이다. 또한 대상화할 수 없는 선물을 가시화하기 위해서는 엄격하게 우연적인 대상에 의존해야 한다.… 반지는 타인이 나에게 이 대상을 줌으로써 자신을 주었다는 것을, 그리고 상호적으로도 그렇다는 것을 증명한다. 그러나 두 선물(반지라는 선물과 타인이라는 선물)은 절대로 일치하지 않는다. 왜냐하면 이 반지는 분명히 그 자체로는 타인에 의한 선물을 성취하지 않기 때문이다. 왜냐하면 그것은 내가 응답에 헌신할 만한 가치를 가질 것이기 때문이다(마치 이 금반지가 나의 삶, 나의 동의, 나 자신의 포기를 가치 있게 여기는 것처럼 말이다).… 반지는 내가 (타인의) 줌을 받음으로써 생성된 선물을 입증한다. 이는 정확히 반지가 실제로 타인과 동등하지는 않지만, 그럼에도 그것이 선물의 가시적인 것과 공통의 척도는 결여해도 상징적 지표를 제공하기 때문이다.(Marion, 2013: 174-175)

이 지점에서 선물은 역동적인 상황에 놓인다. 내가 나 자신을 줌으로써 타인에게 헌신하는 사랑의 현상은, 그 안에 어떤 물질적 대상이 개입하더라도 대상화될 수 없는 선물의 현상으로 주어진다. 예컨대 내가 진정으로 사랑하는 사람을 만나 결혼 관계 안에서나 연인 관계에서 내가 가진 것, 내 신체, 내 삶을 줄 때 그것은 그 자체로 선물이 된다. 이는 나의 신체적 헌신이나 사랑의 행위가 언뜻 대상처럼 보이는 사물로 나타날 때도 마찬가지다. 마리옹이 드는 예처럼 연인에게 건네는 반지는 사랑의 징표로서 유효하고 상징으로 유효하다. 성적 쾌락을 위해 내주는 내 신체는 사랑의 관계에서 상대방의 쾌락에 유효하며, 이때 그 신체는 소유물로서 가치 평가되지 않는다. 참으로 사랑하는 관계에서 신체는 교환적 상호성의 위상에 이르지 않으며, 이 점에서 경제적 대상이 아니다. 바로 이 점에서 신체적 사랑이나 행위는 가치 교환의 대상이 되는 나의 신체적 노동과 다르다.

하지만 이혼이나 결별의 상황에 놓일 때 사랑의 징표였던 반지는 재산 분할의 가치 측정 관계 아래 놓이고, 더 이상 순수한 주어짐으로 기능하지 못하며, 그저 경제적 교환의 대상으로 환원될 수 있다. 이 경우 반지는 더는 선물이 되지 못할 것이다. 마리옹이 말한 것처럼 내가 준 반지는 그 값어치 때문에 순수한 것이 아니라 그 상징적 징표, 곧 내 삶과 사랑을 사랑하는 이에게 주겠다는 징표로서 순수할 뿐이다. 만일 이런 사랑의 관계가 지속된다면 선물은 유효하며, 그것은 순수하게 지속된다. 또한 신체적 헌신 역시 교환 가치로 환원될 때 경제적 보상의 관계 속에서 한낱

소유물처럼 간주될 것이며, 그렇게 되면 이 또한 선물의 성격을 상실한다. 이처럼 선물은 역동적이며, 대상의 대상화에 환원되지 않을 때만 선물로 나타난다.

이러한 삼중의 괄호 치기를 통해 얻어지는 선물의 순수함을 성취하기란 쉽지 않다. 혹자는 선물이 순수한 상태로 머무를 수 없으며, 삶의 흐름 속에서 경제적 교환이나 상호성으로 이행하기 쉽기 때문에 선물 자체는 불가능하다는 지론을 펴기도 한다. 하지만 마리옹에게 순수한 선물은 어렵지만 불가능한 것은 아니다. 분명 선물은 시간과 삶의 흐름 속에서, 관계의 깨짐 속에서 순수한 선물로 남아 있지 않을 수 있다. 하지만 그런 경우라도 관계의 틀어짐 이전에 있었던 선물의 순수성이 무효화되는 것은 아니다. 그것은 그것 나름대로 순수한 주어짐을 성취한 것이며, 그 성취의 시간을 부정할 필요는 없다.

단, 마리옹의 순수한 선물 이론에는 언제나 그 순수성이 상실될 위험이 상존하고 있다는 점만큼은 인식할 필요가 있다. 순수성은 지켜지기 어렵다. 그렇기 때문에 언제나 선물이 순수하게 유지될 것이라는 생각은 간혹 위험하며, 낭만적인 것으로 머무를 수 있다. 이처럼 마리옹의 선물론에는 긍정적인 면과 부정적인 양상이 모두 존재하며, 그것에 대해 다양한 평가가 가능하다. 하지만 어려운 환원 과정을 통과해 선물이 순수한 것으로 주어질 가능성을 모색한 것만으로도 마리옹의 사유는 유의미하다고 말할 수 있다.

이 논의를 여기서 더 끌고 가기는 어렵다. 이에 대한 치열한 논쟁(Derrida & Marion, 1999 참조)이 있었다는 점, 관련 연구(Alvis, 2016; Hénaff, 2012 참조)가 있다는 점을 밝히는 데 그치겠다. 주어짐의 현상학을 설명하는 것이 이 책의 과제이므로, 이러한 맥락에서 마리옹이 선물의 순수성을 어떻게 순수한 주어짐의 현상으로 해명하는지 살펴봐야 할 것이다.

순수한 선물에서 주어짐으로 이행하기

마리옹은 순수한 선물에 관한 논의를 마무리하면서 이렇게 말한다. "선물은 환원된 (상호적) 주는 자로부터 수취인에게 주어진다. 이 경우 선물은 **선물로서** 주어지며 현상성 일반은 그대로 유지된다.… 선물은 현상학적 주어짐 덕분에 주어진다."(Marion, 2013: 94-95)

즉 마리옹은 주어짐이라는 틀 안에서 선물을 논의한다. 선물은 근원적으로 주어짐에 의존한다는 그 고유한 특성으로 인해 현상학적 주어짐에 관한 논의로 포섭된다. 무엇인가를 주는 일이 없으면 선물은 가능하지 않다. 선물은 언제나 줌과 더불어 일어나는 사건이다. 그 줌을 받는 일 역시 중요하기는 하나, 줌이 먼저 일어나지 않는다면 받는 것 역시 일어나지 않는다. 이로써 선물의 줌에서 선물은 줌 또는 주어짐에 의존한다는 점이 밝혀진다. 그러므로 선물의 순수한 주어짐을 정당화하는 작업은 곧 순수한 현상의 주어짐에 관한 논의로 이행할 수 있다.

> 주어짐은 바로 현상만큼 규정되며, 또는 바로 그와 같은 의미로 선물을 규정한다.… 이렇게 개정된 선물은 곧바로 주어짐의 주름 일반 속에 자리 잡았고, 이는 보편적으로 현상들을 지배한다. 선물로서의 선물은 교환 바깥에서 그 자체로 나타나면서, 즉시 다른 현상들 가운데 하나의 역할을 하게 되었다. 그것이 비록 주어짐의 주름을 입증하는 일에 특권화된 것이기는 하지만 말이다.(Marion, 2013: 195)

선물은 주어짐의 특성을 오롯이 성취하며, 오직 주어짐 바로 그 안에서만 나타난다. 이제 쟁점은 선물의 순수함이 가능하다고 할 때, 그 순수성이 현상학적 주어짐으로 모두 이행되어 설명될 수 있는가다. 또 다른 쟁점은 선물의 주어짐처럼 순수한 주어짐인 현상이 대체 무엇인가다. 선물은 특수한 현상이다. 그러므로 그것은 특수한 주어짐이다. 그렇다면 우리는 물을 수 있다. 선물 외 다른 현상도 순수할 수 있는가? 그런 순수한 현상의 주어짐이 띠는 특징은 무엇인가? 그러한 현상은 어떤 식으로 분류될 수 있는가? 다시 말해 모든 현상이 선물처럼 주어지는가, 아니면 특정한 현상들만 선물처럼 순수하게 주어지는가? 이 쟁점들이 밝혀져야만 주어짐의 현상학이 완연하게 드러날 수 있을 것이다.

참고문헌

Alvis, J.(2016). *Marion and Derrida on The Gift and Desire: Debating the Generosity of Things*. Dordrecht: Springer.

Derrida, J. & Marion, J-L.(1999). On the Gift: A Discussion between Jacques Derrida and Jean-Luc Marion. In Caputo, J. D. & Scanlon, M. J.(eds.). *God, the Gift, and Postmodernism*, pp. 54-78. Bloomington, Indiana: Indiana University Press.

Hénaff, M.(2012). *Le Don des philosophes: Repenser la réciprocité*. Paris: Éditions du Seuil

Marion, J-L.(2012). *La rigueur des choses: Entretiens avec Dan Arbib*. Paris: Flammarion.

Marion, J-L.(2013). *Étant donné: Essai d'une phénoménologie de la donation*(2e édition, "Quadrige"). Paris: Presses Universitaires de France.

07
현상의 주름과 증인

마리옹은 순수한 주어짐으로 환원된 현상을 '주름'이라는 특유의 용어로 설명한다. 그다음에는 현상을 독특하게 분류한다. 모든 현상이 선물처럼 주어지는 것은 아니며, 어떤 현상은 여전히 대상처럼 주어질 수 있다. 이런 점에서 우리는 현상을 획일화하지 말고 제대로 분류해서 이해해야 한다. 또한 마리옹은 순수한 주어짐으로 환원된 현상이 불러오는 가장 중요한 효과를 말한다. 그것은 다름 아닌 '증인' 또는 '바쳐진 자'로 정립되는 새로운 현상학적 자기성의 발견이다.

현상의 주름과 그 특성

이제 쟁점은 선물을 넘어 주어짐의 현상학 자체를 어떻게 이해할 것인가다. 이 쟁점을 다루려면 현상이 순수한 주어짐으로 환원되었을 때 현상의 주어짐이 어떤 특성을 띠는지 밝혀야 한다.

우선 주어짐이 어떻게 현상으로 치환되는지부터 알아보자. 마리옹은 현상을 주름(pli)이라는 개념으로 설명한다. 후설에서부터 '주어짐'과 '주어진 것'은 현상을 대신하거나 치환하는 개념으로 사용되어 왔다. 그런데 마리옹은 주어짐이 현상학적 개념으로 정립될 때 엄밀한 형태로 나타나지 않았음을 문제 삼는다. 이에 따라 마리옹은 주름이라는 독특한 용어로 주어짐을 설명하려 한다.

왜 주름인가? 주어진 것은 주어짐 없이 주어지지 않는다. 다시 말해 주어진 것은 주어지는 사건 속에서만 주어진다. 주어진 것은 주어졌을 때, 주어짐을 펼치는 가운데 자신을 준 것이 된다. 바로 이 점에서 "모든 주어진 것은 주어짐을 명백히 드러낸다. 그 사건의 과정이 주어짐을 펼치기 때문이다. 주어짐은, 주어지는 선물이 그 고유한 사건을 따라 주어지는 한에서 주어진 것의 주름으로 자신을 열어 밝힌다.… 따라서 주어짐이라는 말을 쓰지 않기 위해 소여

(*donnée*) 또는 주어진 것(*donné*)을 특권화하는 전략은 결국 아무런 의미가 없는데, 이는 주어진 것 자체가 주어짐의 주름을 지니고 있기 때문이다"(Marion, 2013: 110).

이처럼 마리옹이 주름을 도입한 의도는 '주어진 것'이라는 용어, 혹은 현상을 그저 나에게 나타나고 주어진 어떤 것으로만 국한하려는 시도가 지닌 오류에서 비롯한다. '어떤 것'이라는 사물적인 것을 강조하는 번역이나 개념 정립은 현상학의 역동성을 그저 존재하는 것, 사물의 상태 정도만 사유하는 것으로 제한해 버릴 수 있고, 현상을 마치 대상처럼 간주할 위험이 있다. 하지만 현상학은 언제나 주어진 것이 일어나고 주어지는 사건의 사건성 안에서 현상을 정당화했다. 그러므로 현상학에서 다루는 현상은 주어짐/주어진 것의 주름이어야 한다. 실제로 마리옹은 '사태 자체로(zu den Sachen selbst)'라는 현상학의 저 유명한 구호조차 이 말이 안고 있는 애매성, 경우에 따라서는 마치 현상학적 사유가 어떤 경험되는 사물의 실재성에 집중하는 태도로 회귀한다고 오해될 소지 때문에 그리 선호하지 않는다. 말하자면 "'사태 그 자체로 돌아가자(Retour aux choses mêmes!)'는 것에는, 우선 이 '사태'의 정체에 관한 불명확성이 존재한다(이는 경험적 실재들인가, 아니면 쟁점이 되는 '문제들'인가?). 그다음으로 이러한 돌아감을 가능케 하는 전환 작용에 관한 불명확성이 있다. 요컨대 두 경우 모두에서 현상학적 환원이 결여되어 있으며, 이러한 환원의 결여로 인해 이 구호는 곧바로 이론을 거부하는 냉소주의(cynisme athéorique)로 전락할 위험이 있다"(Marion, 2001/2020: 19/41-42).

그래서 마리옹은 현상의 주름이라는 말로 현상의 현상성을 규정하고자 한다. 그렇다면 물어야 하는 것은 다음과 같다. 이 주름이 누군가에게 나타날 때 무슨 일이 일어나는가? 현상학이 현상에 관한 학문이자 현상이 나타나고 주어지는 방식 자체를 기술하고 이런 주어짐에 대한 지향적 체험 방식 전반을 해명하는 학문이라면, 마리옹 역시 이를 해명해야 한다.

주어진 것의 주름이 펼쳐질 때, 그 주어짐/주어진 것이 선물처럼 순수성 안에서 자신을 보여 주는 것이라고 할 때, 이 작용은 어떻게 일어나는가? 마리옹의 더 적극적인 표현을 빌리자면, '주어짐의 사건'이란 무엇인가?

주어짐의 특성은 여러 가지며, 마리옹이 이를 매우 섬세하게 분류해 설명하기 때문에 짧은 지면에 모두 다루기는 어렵다. 따라서 여기서는 가장 중요한 특성 두 가지를 언급하고, 나머지는 '포화된 현상'을 논의하면서 자연스럽게 해명되기를 기대한다.

첫째, 마리옹은 순수한 주어짐이 일으키는 작용을 왜상(anamorphose) 효과로 규정한다. 왜상이란 회화 기법 가운데 하나로, 그림으로 나타나는 대상이 내가 바라보는 그대로 주어지는 것이 아니라 내가 묘사된 것의 형태에 맞추어 나의 시선을 변경할 때 비로소 묘사된 것의 진상이 드러나는 효과를 뜻한다.

왜상 효과의 예로 한스 홀바인(Hans Holbein)의 < 대사들>을 떠올릴 수 있다. 이 그림은 영국의 특사와 프랑스 국왕이 한가운데에 묘사되어 있어 언뜻 인물에 중점을 둔 회화처럼 보인다. 그러나 우리가 시선을 특정 대상에 맞추면 이 작품 전체의 진상을 파악하게 된다. 묘사된 두 사람이 딛고 서 있는 바닥에는 일그러진 이상한 형체가 있다. 똑바로 보았을 때 이 형체는 눈에 잘 들어오지 않지만, 시선을 이리저리 돌려 보면 그것이 해골 형상을 하고 있음을 알게 된다. 이렇듯 왜상 기법이 쓰인 작품은 특정한 각도에서 내 시선이 묘사된 것과 부합할 때만 무언가가 드러난다. 이와 마찬가지로 순수한 주어짐에서도 주어진 것이 내 시선에 의해 환원되지 않고, 주어지는 것이 자신을 보여 주는 방식에 따라 내 시선이 변형된다.

마리옹은 왜상 효과에 비추어 순수한 주어짐의 가장 중요한 특성을 설명한다. 다음 언급에 주목하자.

이 기법[왜상 효과]은 우리가 이 용어[순수한 주어짐]에 부여하는 현상학적 의미를 유비로 명확히 할 수 있게 한다. 이 기법은 처음에는 무관심한 관람자의 시선에 물감으로 완전히 덮인 표면을 제시하며, [이 표면에는] 겉보기에는 그 어떤 인식 가능한 형태도 없어 보인다. 그다음 시선을 정확한 (그리고 유일한) 지점으로 이동시켜, 그 지점에서 봤을 때 변형된 표면이 갑자기 새롭고 화려한 형태로 변모하는 것을 보게 한다.… 첫 번째 형태는 실제로 식별 가능한 그 어떤 형상도 제공하지 않고, 그 어떤 현상의 나타남도 드러내지 않으며, 따라서 시선에 대해 그 어떤 권위도 행사하지 않는다.… 도달된 것의 두 번째 형태는 전혀 다르다. 여기에 접근하려면 호기심 많고, 수용적이며, 훈련된 시선을 취해야 할 뿐 아니라 특히 보아야 할 형상의 요구 사항들에 자신을 복종시켜야 한다. 두 번째 차원의 형태가 나타날 유일한 원근법의 지점을 찾아야 하며 이를 위해 여러 시도를, 오랫동안 성과 없는 시도를 해야 한다. 특히 그곳으로 이동해야 한다는 것(공간적으로나 생각 속에서)을 인정해야 하고 관점을 바꿔야 한다. 즉 무관심한 관람자의 자유로운 선택이나 고유한 위치에서 가시성을 조직하는 것을 포기하고, 현상 자체에 의해, [그것] 자체 안에서 가시성을 지시받도록 해야 한다.(Marion, 2013: 203-205)

이러한 유비는 현상학적으로 어떤 함의를 띠는가? 이는 내 시선의 포착으로, 의식적 삶의 지향성으로 환원될 수 없을 정도로 그 자체로 자신을 주는 압도적 현상 앞에 나 자신을 그대로 노출할 것을 요구하는 것과 같다.

이는 자연스럽게 순수한 주어짐 현상의 두 번째 특징으로 우리를 인도한다. 그것은 다름 아닌 초월적 주체 또는 나(*Je*)에 대한 단념이다. 마리옹은 이 주제를 특히 중시해 상세하게 다룬다. 후설과 하이데거 모두 순수 의식을 지닌 초월적 자아의 지향성이나 현존재의 실존론적 행동 관계와 존재 방식에 따라 이해되는 현상의 의미를 벼려 내는 데 여념이 없었기 때문이다. 이때 현상은 그 자체로 어떤 의미를 띠기보다 내 체험 작용의 지평하에서만 유의미하게 된다. 순수한 주어짐은 이를 결정적으로 변경한다. 주체는 초월적 주체성을 단념 또는 포기하며, 주어짐의 권위에 복종하게 된다.

형이상학적 주체를 넘어 증인 또는 바쳐진 자로

절대적 주어짐의 도래가 불러오는 가장 중요한 현상학적 효과 중 하나가 바로 (형이상학적) 주체성 없는 주체다. 여기서 잠시 주체성에 관한 마리옹의 입장을 돌아보자.

마리옹은 하이데거를 통해 순수한 부름을 재발견함으로써 (현상학적 전통 내에서) 순수한 주어짐의 근거를 마련했다. 마리옹의 주체 물음은 바로 이 지점에서 출현한다. 마리옹은 부름에 소환된 현존재를 다시금 염려 속에 지속하는 자기성과 죽음으로 향하는 존재로 해명하는 하이데거의 현상학적 가속기에 편승하지 않고, 바로 그 부름 앞에 선 자기를 재기술하는 전략을 취한다. 이것이 다름 아닌 당혹하는 자(L'interloqué)의 발견이다.

마리옹이 보기에 당혹하는 자라는 현상학적 자기는 세계-내-존재로서 현존재와 달리 자기의 자발성이 아니라 자기를 부르는 부름을 통해 이루어지는 사건에서 형성되거나 재규정된다. “자기 스스로 결단을 내리기 전에 부름을 받았다는 점에서, 인간 존재는 ‘말건넴을 받은 자(*der Angesprochen*-le revendiqué)’로 명명되어야 한다.”(Marion, 1989: 85) 마리옹은 이런 식으로 어떤 부름을 받는 자를 주체 이후 또는 현존재 이후에 오는 자로 설정한다. 여기에 마리옹은 레비나스적 언술[‘내가 여기 있습니다(me voici)!’]을 덧붙인다. “내가 아직 ‘나(je)’라고 말하지도 않았는데도 이미 말건넴이 나를 소환했고, ‘나(moi)’로 명명하고 고립시켰다. 게다가 나를 지명해 소리쳐 부르는 그 부름이 들려올

때 적합한 대답은 … '내가 여기 있습니다!'뿐이다.… 말건넴은 나에 대한 여지를 남기지 않고서 나를(me) 해방하고, '내가 여기 있습니다!'라는 응답을 이끌어 낸다."(Marion, 1989: 86)

이것만 보면 마리옹은 하이데거의 통찰을 그저 레비나스의 입장과 융합한 것처럼 보인다. 하지만 마리옹은 이 두 위대한 철학자들의 차이를 알고 있고, 자신과 두 철학자의 차이 역시 분명하게 나타낸다. 마리옹은 부름의 말건넴이라는 사태에 '존재'를 부과하기를 거부한다. "부르는 자의 익명성은 말건넴의 성격들로부터 절대적으로 연역된다."(Marion, 1989: 92) 마리옹은 익명성을 존재가 아니라 부름 자체에 부여한다. 현상의 부름이 존재의 현상이 아니라 절대적인 현상의 주어짐 그 자체라면 익명성 역시 주어짐 자체, 부름 그 자체에 할당되어야 하지 존재로 환원될 수는 없다. 더 나아가 마리옹은 '내가 여기 있습니다!'라는 언술을 레비나스에게서 가져오긴 했지만, 그러한 부름에 대한 응답이 반드시 윤리적 성격에 국한될 필요는 없다고 생각한다.

따라서 마리옹은 부름에 소환된 새로운 주체를 '당혹하는 자'로 명명하면서, 그 어원적 의미를 십분 활용한다. 이 말에 포함된 동사 'interloquer'는 현재 '당혹하다' 혹은 '망

연자실하다' 정도의 뜻으로 쓰이지만, 오래전에는 "중간 항소를 통해 법적 절차를 일시적으로 중지시키다"(Bloch, 2009: 343)라는 뜻을 갖고 있었다. 마리옹은 "법률적으로, 사실이 성립되지 않는 한 … 모든 행위를 … 유보시키는 것"(Marion, 1989: 89)이라는 의미에 초점을 맞춘다. 즉 이 말은 피할 수 없는 강제적인 부름의 요구가 들이닥칠 때 부름을 받은 자가 당혹감에 휩싸이게 된다는 의미를 함축한다.

이것이 바로 후설과 하이데거로 대변되는 현상학의 두 가지 환원, 곧 "구성하는 의식(후설)이나 현존재(하이데거)를 통해 주어지는 환원이 아닌" 세 번째 환원으로서 부름이다. 즉 "그 자체로 이해되는, 순수하게 주어진 것으로의 환원"을 통해 탄생한 주체성이다(Marion, 1989: 89). 다시 말해 순수하게 주어진 것으로 환원되어 탄생한 '당혹하는 자'는 현상을 구성하지 못하고, 순수한 현상의 익명적 부름 앞에 놀라워하면서 자신의 모든 판단을 유보할 수밖에 없는 자로 나타난다.

그렇다면 구체적으로 이 '당혹하는 자'는 어떤 성격을 띠는가? 마리옹은 이 새로운 주체성이 '놀람(Surprise)', '문답(Interlocution)', '사실성(Facticité)'이라는 특징을 띤다고 주장한다. 우선 현상의 부름에 소환당한 '당혹하는 자'

는 부름의 익명성으로 인해 "우리가 어떤 것을 알기 전에", 즉 우리의 "포착 활동을 능가해(sur-prise)" 도래하는 "사건" 앞에 선 자가 된다(Marion, 1989: 88). 우리에게 던져진 이런 부름 앞에서 우리는 그 부름을 포착하거나 인식할 수 없으므로, 그 부름에 대한 놀람 아래 어안이 벙벙해진다. 그러면서 그 부름에 어떤 응답 또는 반응을 보여야만 하는 책임을 떠안게 된다. 놀라움이 그런 반응이나 응답의 한 종류일 것이다. 이런 점에서 당혹하는 자는 부름-응답이라는 문답의 구조를 취한다.

이러한 문답 구조는 이미 주어진 사실 혹은 성취된 사실로서 '기정사실(fait accompli)'이라는 사실성 안에서 펼쳐진다. 기정사실이라는 말은 문자 그대로 이미 성취된 사실을 뜻한다. 어떤 외부 작용이나 보정 작업이 이루어진다고 하더라도 이미 주어지고 성취된 사건이나 일은 그런 요인에 아무런 영향을 받지 않은 채 이루어진다. 특별히 이러한 사실성은 일종의 탈형이상학적 의미를 함축하는데, "부름은 철저히 당혹하는 이에 앞서 일어나는"(Marion, 1989: 90) 것일 뿐 아니라, 그 사태에 앞서는 어떤 원인도 없는 채로 성취되는 사실이기 때문이다. 이런 점에서 부름의 사실성은 전통 형이상학에서의 (아리스토텔레스의 네 가지 원인설에서의 원인이건 데카르트나 스피노자의 신으로서 자기원인이건, 라이프니츠의 충분근거율에서의 원인이건 간에) "원인" 개념과는 무관한 "결과, 근거 없는 사실"(Marion, 1989: 93), 다시 말해 아무런 원인이나 근거 없이 성취된 사실을 의미할 뿐이다. 결국 당혹하는 자는 부름이라는, 누가 불렀는지 알 수 없고 그래서 규정할 수도 없는, "순수한 주어짐의 사실"(Marion, 1989: 89)로 주어진 사건에 당혹하는 자다.

마리옹의 이런 독창적 주장에도 불구하고, 여전히 의문이 남는다. 마리옹은 자신이 새롭게 제시한 당혹하는 자를 일단 초월적이고 능동적인 인식자가 아니라 수동적인 수용자로 설정했다. 그런데 이 부름과 부름받는 자가 현상학적으로 정당화되려면, 이보다 더 정교한 현상학과 현상학적 주체 이론이 세워져야 한다. 지금까지의 논의는 하이데거의 현존재 분석론에서 어떤 계기를 발전시킨 것일 뿐, 독자적인 현상학적 구체성을 확보한 것은 아니다.

이와 관련해서 마리옹은 선물의 현상성을 바탕으로 "순수한 주어짐으로 환원된 현상성"(Marion, 2013: 87)을 발전시키고, 바로 그 현상성에 결부되어 나타나는 주체성이 무엇인지 구체적으로 제시하기에 이른다. 마리옹의 현상학적 주체 물음을 상세히 이해하기 위해 먼저 그의 현상학이 무엇을 의도하고 있는지 짚어 보자.

마리옹이 순수한 주어짐으로의 환원을 통해 얻으려 한 효과는 현상성의 차원 자체를 다양화하는 것이다. 마리옹은 현상의 현상성이 다층적이라고 본다. 먼저 의식에서 구성될 수 있는 "직관의 결핍으로 인해, 불완전하게 주어지는" 것으로서 논리적 이념성이나 수학적 이념성에 해당하는 "빈약한 현상(phénomènes pauvres)" 영역이 있고, 직관에서 어떤 초과도 일으키지 않은 채 개념적 대상에 머무는 "공통법칙(droit commun)"의 현상 영역이 있다(Marion, 2013: 269, 298). 마리옹의 관점에서 이런 현상들은 일의적으로 의미를 부여할 수 있는 밋밋한 현상들이다. 반면 이런 식의 현상성에 국한되지 않는 직관에서 초과를 일으키는 현상이 있는데, 바로 포화된 현상(phénomène saturé)이다.

포화된 현상은 마리옹의 가장 중요한 발견으로 간주될 만한 것이므로, 이후 더 상세하게 탐구할 것이다. 여기서는 주체 물음에 관한 논의를 위해 포화된 현상을 간략한 형태로 다루려 한다. 마리옹은 사건(양에서의 초과), 우상(성질에서의 초과), 살(관계에서의 초과), 아이콘(양태에서의 초과) 그리고 이 현상들의 특징을 모두 포괄하는 계시 현상에 새로운 현상의 지위를 부과하면서, "직관이 개념(의미, 지향성, 의도 등)이 예측하고 보여 줄 수 있는 것을 초과해 [자신을] 주는 현상들을" 다름 아닌 "포화된 현상 또는 역설이라고 부른다"(Marion, 2001/2020: 135/198). 더 일반적으로 말해 현상에 모종의 조건을 부과해 그것을 인식 가능한 대상으로 만드는 인식의 "범주들을 초과하고", 그렇게 해서 "직관이 개념의 범위를 넘어서는"(Marion, 2013: 280) 현상을 포화된 현상이라고 부른다.

마리옹은 이 포화된 현상과 같이 절대적으로 주어지는 것을 받는 자에게 증인(témoin)과 바쳐진 자(adonné)라는 새로운 현상학적 주체의 명칭을 부과한다. 이제 이를 조금 더 세세히 검토해 보자.

통상 증인은 언제나 사건 이후에 온다. 증인으로서 나는 주어진 현상을 우선 본 다음에만 이런저런 증언을 할 수 있다. 그리고 그 증언에서 어떤 완전한 (형이상학적) 확실성을 부과할 수 없는, 사건에 대한 제한된 반응으로서 이런저런 해석이 증언하는 증인을 통해 나온다. 마찬가지로 자신의 인식 능력을 압도하는 포화된 현상의 주어짐과 마주하는 현상학적 주체로서 증인은, 초월적으로 현상을 구성하는 자가 아니라 그 사건을 보는 가운데 시선을 빼앗기고 압도되며 급기야는 일의적 개념을 부과하는 데 실패해 여러 방식으로 본 것을 이해하려고 시도하는 자로 정립된다.

이런 점에서 주체 이후에 오는 이 현상학적 자기성은 당혹하는 자가 그러하듯 현상을 구성하기보다 현상으로 인해 "구성되는 증인"으로 나타난다. 또한 구성 활동을 할 수 없음에도 주어짐의 사건을 이해하려고 끊임없이 시도한다는 점에서 그 "주체는 여전히 진리의 일꾼(l'ouvrier de la vérité)"으로 종사하지만, 사건의 수용자로서 "증인에게 진리의 생산자가 되기를 요구할 수는 없다"(Marion, 2013: 302).

그다음으로 마리옹은 이런 현상학적 주체성을 가장 특화할 수 있는 용어로 '바쳐진 자'라는 말을 제시한다. 이 용어는 어떤 일에 몰두하거나 헌신하거나 전념한다는 의미를 내포한 동사 'adonner'의 과거분사 형태를 취한다. 동사 'adonner'는 라틴어 'addonare'에서 유래했으며, 이는 '~에게' 또는 '~을/를 향하는'을 의미하는 'ad-'와 '준다'는 의미를 내포하는 'donare'의 합성어다. 그러므로 이 말은 어원적으로 볼 때 '~에게 준다'는 주어짐의 현상학의 의미를 함축한다. 특히 이 말은 재귀동사(s'adonner à)로 사용될 때 '~에 몰두하다', '~에 열중하다'라는 의미를 내포하므로 주어진 것에 몰두하고, 열중하고, 헌신한다는 뜻을 담기에 적절하다.

즉 바쳐진 자는 어떤 이에게(à) 현상이 주어지고, 그가 이 현상의 사태를 받아들이는 가운데 그 사태에 헌신하게 되며, 결국에는 그 사태에 대해 자신을 바쳐진 자로 정립한다는 의미를 함축한다. 그렇다면 이 바쳐진 자는 앞서 언급한 당혹하는 자나 증인과 무엇이 다르고, 어떤 점을 구체화하는가? 당혹하는 자라는 말에서는 주로 수동적 부름 앞에 서게 된 주체의 성격만이 부각된다. 구성된 증인은 수동적이라기보다는 주어진 사태를 보고서, 본 것에 매여 있지만 그것을 증언하려는 이해의 행위를 그 고유한 특징으로 지닌다.

바로 이 증인으로서 자기가 지닌 함축과 관련해, 바쳐진 자는 수동성을 넘어 현상의 주어짐에 반응함으로써 자기 자신을 더 적극적으로 현상에게 바치는 가운데 어떤 활력을 드러내는 자로 설정된다. 포화된 현상으로서 사건에 헌신하고 있다거나 자신을 바쳤다고 할 때, 바쳐진 자가 자기를 사로잡은 어떤 것에 매이게 되지만 그 매임과 더불어 어떤 일을 적극적으로 하게 되는 사례를 그려 볼 수 있다. "바쳐진 자에 대한 정의를 다시 내려 보자. 그것은 수용하는 데서부터 그 자신을 스스로 **수용하는** 자다. 따라서 바쳐진 자는 수용을 통해 자신을 특징짓는다. 수용은 분명 수동적 수용성을 함축하지만, 또한 그것은 능동적 태도를 실행한다."(Marion, 2001/2020: 57/93)

마리옹은 현상을 받는 자가 수동적 상태로만 머무른다고 생각하지 않는다. 현상을 받는 자는 진리의 일꾼으로서 그 현상을 어떤 방식으로든 여과하는 일을 해내야 한다.

> 바쳐진 자는 주어진 것을 수용함으로써 그것을 현상화한다. 바로 바쳐진 자가 주어진 것에 장애물이 되기 때문에, 장막을 형성하면서 주어진 것을 차단하고, 장막에 마주치게 함으로써 고정시킨다. 따라서 만약 바쳐진 자가 주어진 것을 수용한다면, 바쳐진 자는 골키퍼가 슛을 막고, 심지어 공중에서 공을 잡아 내는 수비수의 폭력성 혹은 공을 받는 자가 승리의 서비스 리턴을 보내는 방식으로 그것을 수용한다. 장막, 프리즘, 틀과 같이 바쳐진 자는 보이지 않는 순수한 주어진 것의 충격을 받아 내고, 그 운동량을 억류함으로써 그 종적인 힘을 평평하고 평면적이며 열린 표면으로 변환한다.(Marion, 2001/2020: 59/96)

이처럼 바쳐진 자는 주어진 현상에 자신을 바침으로써 그 현상이 상연되게 하는 역할을 한다. 하지만 그렇다고 해서 그가 그 현상을 장악한다는 것은 아니다. 필름 영사기에서 나오는 빛은 반드시 어떤 장막 또는 화면을 거쳐야 하지만 그 화면 또는 장막이 영화의 내용을 바꾸지는 못한다. 이처럼 바쳐진 자의 활력과 능동성은 주어진 것이 함축하고 있는 것의 한계 내에서만 이루어진다. 즉 여기서 주체는 언제나 주어진 것의 한계 내 주체일 뿐이다. 물론 그렇다고 해서 이 개념을 둘러싼 모든 애매성이 사라지는 것은 아니다. 현상이 주체의 저항을 통해서만 보이게 되는 것이라면, 결국 현상이 주체에 의존해야만 한다는 결론이 도출된다. 이는 후설과 하이데거의 현상학적 주체 물음과 크게 다를 바 없는 것처럼 보인다.

하지만 마리옹은 이 바쳐진 자의 활동성이 결코 주어진 것을 제작하거나 구성하지 않는다는 점에서 나름 독특성을 갖는다고 생각한다. 화가가 자신을 압도하는 현상을 받아들임으로써 나타나는 것을 화폭에 표현한다고 해 보자. 그 표현된 작품의 원천은 화가가 마음과 지성을 다해 받아들인 현상이고, 그 현상에 자신을 바침으로써 작품은 탄생하게 된다. 분명 작품이 탄생하면서 일어난 주어진 것의 변형은 주어진 것의 충격을 받아 내면서 활동한 화가의 작업에서 기인한다. 그렇다면 우리는 화가의 이런 역할을 무엇이라고 규정할 것인가? 여기서 마리옹은 바쳐진 자로 치환될 수 있는 화가의 역할이 구성이 아니라 저항이라고 이해한다. "화가는 매 순간 처음으로, 주어진 것이 자신을 (모든 이에게 접근 가능한 현상으로) 충분히 보여 주도록 저항하는 데 이르기 때문이다. 위대한 화가는 어떤 것도 만들어 내지 못한다."(Marion, 2001: 61) 이런 점에서 작품은 주어진 것에 대한 화가의 창조가 아닌 저항의 산물이다.

즉 바쳐진 자는 저항하기는 하지만 주어진 것을 완전히 전복하지 않는다. 전복의 결과처럼 보이는 작품은 주어진 것에 내재한 전복의 계기를 수용자가 수용했기 때문에 나타나는 것이지, 전혀 없던 새로운 것이 화가를 통해 창출되는 것은 아니다. 바로 이러한 저항을 통한 활력의 발휘가 바쳐진 자의 진면목이라고 할 수 있고, 우리는 이를 일종의 해석 활동이라고도 부를 수 있다.

그런데 이처럼 구성되는 증인/바쳐진 자를 일으키는 현상의 절대성은 현상의 모든 층위에서 일어나는 것이 아니라 우리가 가장 탁월한 현상을 마주할 때 일어난다. 그것이 바로 포화된 현상이다.

참고문헌

Bloch, O.(2009). *Dictionnaire étymologique de la langue française*(2e édition, "Quadrige"). Paris: Presses Universitaires de France.

Marion, J-L.(1989). Le sujet en dernier appel. *Revue de Métaphysique et de Morale, 96*(1), pp. 77-95.

Marion, J-L.(2001). *De surcroît: Études sur les phénemènes saturés*. Paris: Presses Universitaires de France. 김동규 옮김(2020). ≪과잉에 관하여: 포화된 현상에 관한 연구≫. 그린비.

Marion, J-L.(2013). *Étant donné: Essai d'une phénoménologie de la donation*(2e édition, "Quadrige"). Paris: Presses Universitaires de France.

08
포화된 현상

포화된 현상은 주어짐의 현상학에서 가장 중요한 대목이다. 이를 통해 마리옹은 모든 현상이 균등하지 않고 어떤 현상은 밋밋하게, 또 다른 현상은 우리를 압도하는 방식으로 주어진다는 점을 밝혀낸다. 즉 포화된 현상은 개념적 구성을 거부하고 우리를 증인으로서 해석자로 부르는 현상이다.

빈약한 현상과 공통법칙의 현상

포화된 현상이 무엇인지 밝히기 전에 먼저 현상의 등급화에 관한 마리옹의 입장을 살펴야 한다. 포화된 현상이 우리에게 주어진다는 것은, 달리 말하면 포화되지 않는 현상도 나타난다는 뜻이다. 내 직관상에 포착되지 않고 내 인식 범주를 압도하는 가운데 나에게 주어지는 현상이 포화된 현상이다. 반면 비(非)포화 현상은 내 직관이 포착하기에 알맞게 주어지는 현상이다. 이러한 분류에는 현상을 바라보는 마리옹의 독특한 견해가 반영되어 있는데, 그것은 모든 현상이 밋밋하게 하나의 방식으로만 주어지지 않는다는 관점이다.

그렇다면 현상에는 어떤 종류가 있는가? 마리옹은 수학적 이념과 같은 대상들을 직관 면에서 빈약한 현상(phénomène pauvre)으로 정의한다. 이런 마리옹의 정의에는 후설, 더 나아가 플라톤과 데카르트가 수학적 진리를 이상화한 것에 대한 반대가 깔려 있다. 현상학의 창시자 후설은 엄밀한 학문의 틀 내에서 수학적 진리의 정당성을 찾으려 했고, 이를 현상학의 가장 중요한 사명 가운데 하나로 여겼다. 현상학적 인식의 근본 원천은 주어지는 것에 대한 직관이다. 아직 직관적으로 주어지지 않은 대상, 가령 상상 속의 대상과 같은 것은 충족되지 않은 공허한 지향으로 남지만 실제로 그 내용이 충족되면 우리는 인식에 다다르게 되고, 지향된 내용이 남김없이 주어지면 충족적 인식에 이르게 된다는 것이 현상학의 기본적인 인식론적 구상이다. 이를 전통적인 술어로 표현하자면 사물과 지성의 일치(Adaequatio rei et intellectus)가 현상학적 진리의 이념으로 이어진다. 이때 수학적 진리는 바로 이 일치 또는 합치, 충전성의 이념에 가장 부합하는 것으로 여겨졌다.

그런데 마리옹은 이에 다음과 같은 입장을 피력한다.

> [수학적 진리나 논리적 이념에서] 충전성이 쉽게 실현되는 이유는 직관적 요구가 전혀 없거나 약한 현상들을 다루기 때문이다. 따라서 명증성의 이념이 때로는 충족적 직관에 직접적으로 도달할 수 있을 만큼 빈약한(pauvres) 현상들에서 실현될 수 있다고 하더라도, 이러한 최소주의적 확실성이 현상성 전체의 패러다임으로 사용될 수 있는지는 자명하지 않으며, 그것을 위해 치르는 현상학적 대가만큼의 가치가 있는지도 확실하지 않다. 어떤 경우든 명증성이 빈약한 현상들에서만 실현된다면, 반대로 충만한 현상들(직관에 의해 충분히 주어지는 '사태 자체'의 출현)을 다룰 때는 충전성이 다시 엄밀한 의미에서의 이상이 될 것이다. 즉 적어도 부분적으로

직관의 결여로 인해 불완전하게 주어지는 사건이 될 것이다. 직관과 지향 사이에 법적으로 요구되는 동등성이 결핍될 것이다. 부족한 직관으로 인해서 말이다.(Marion, 2013: 316)

수학적 진리와 논리적 이념들은 지향한 대상이 직관적으로 충족된다는 명증성의 이념을 충실히 달성하는데, 이는 그것들이 직관 면에서 빈약하기 때문이고, 우리를 전혀 압도하지 않는 직관적 주어짐이기 때문이다. 마리옹은 수학적이고 논리적인 진리를 직관이 과도하게 주어지지 않으므로 충전성의 이념을 달성하는 빈약한 현상이라고 부르는데, 이것은 절대 폄훼가 아니다. '빈약함'이란 그런 식으로 내 지향과 직관적 충족이 일어나는 영역이 한정적이라는 점을 강조하기 위해 고안된 표현에 가깝다. 즉 "이러한 주변적 빈약함이 현상성 전체의 패러다임으로 사용될 수 있다는 것은 자명하지 않으며, 그것이 보장하는 확실성이 그것을 위해 치르는 대가만큼의 가치가 있는지도 확실하지 않다. 직관이 빈약하거나 심지어 결여된, 본질적으로 주변적인 현상들의 사례에 맞춰 모든 현상성을 규정하는 것은 … 무엇보다 일반적인 현상들(자연의 존재들, 일반적인 생명체, 역사의 사건, 특히 타인의 얼굴 등)에 대한 접근도 차단한다"(Marion, 2013: 321).

말하자면 현상학적 충전에 의해 명증성의 이념을 달성하지 못하는 것처럼 보이는 현상들이 우리의 일상 안에 다종다양하게 있으며, 그러므로 그런 전통적인 명증성을 현상성의 모든 영역에 적용할 수 없다는 것이 마리옹의 의도다. 더 나아가 현상성을 전통적인 방식으로 이해하면 현상의 풍요로운 주어짐이 은폐될 가능성마저 있다.

그렇다면 빈약한 현상 외의 또 다른 현상의 영역에는 무엇이 있는가? 마리옹은 그곳에 공통법칙의 현상(phénomène de droit commun)이 있다고 주장한다. 이 현상의 현상성은 어떤 체계 내에서 정해진 개념으로 이해될 수 있는 현상을 뜻한다. 이에 해당하는 현상으로는 기술 체계 내에서의 상품이나 제품, 원예 품종의 목록으로 환원된 재배 식물 등이 있을 것이다. 이에 관한 마리옹의 말을 보자.

> 현상의 대상화는 그 자체로 직관적으로 주어진 것을 개념을 확인하는 (또는 오히려 반증하지 않는) 것으로 제한하기를 요구한다. 따라서 지향이 현상의 통제권을 유지하고, 주어짐은 대상화의 틀에 제한된다. 그런데 이러한 현상성의 형태(충전성이 가능하지만 그것이 실현되지 않은 일반적인 사례)는 주로 기술적 대상들에서 확인된다. 여기서 지향과 개념은 계획, 도식 또는 (산업용 또는 CAO를 이용한) 설계도

의 형태를 취하는데, 이는 산업계에서 이제 대상의 '개념'이라고 부르는 것이다. 이는 원칙적으로 대상의 구조를 완전히 이해 가능하게, 즉 최소한 상상할 수 있게 하는 것으로 정의되지만, 또한 그 실현 가능성(산업화)과 제조 또는 상업화의 수익성 계산을 이미 통합한다는 점으로도 정의된다. 이는 단지 기술적 정의(본질)뿐 아니라 생산과 경제로의 이행 조건(존재)까지 포함한다. 개념(제품의 '개념'이라는 의미에서 개념)은 실제 생산을 통해 주어지기 전에 그 제품을 가시화하며, 때로는 '개념'의 표현 이후에 어떤 생산이 뒤따르지 않을 때도 있다(시뮬레이션, '콘셉트 카' 등). 개념을 통한 보여 줌(의미, 지향 등)이 직관적 주어짐(실효성, 생산, 직관 등)에 선행하고, 이를 결정하며, 때로는 무효화한다.(Marion, 2013: 367-368)

특정한 생산 계획을 따라 기획된 제품은 이미 이런저런 이름을 부여받은 기획물로 구성되어 있다. 신제품으로 기획된 텔레비전이 있다고 해 보자. 그 텔레비전은 경쟁 업체의 제품보다 뛰어나고 소비자들의 마음을 사로잡을 수 있는 특징을 잠재적으로 부여받은, 수익성 계산을 통과한 제품이다. 이에 텔레비전은 그러한 제품으로서만 대상화되고 지향적 의미를 부여받으며, 제품의 주어짐은 바로 이런 상품 생산 체계의 기획과 구성 이후에 도래한다. 비록 그 기획과 구성이 제품 생산 과정에서의 수정이나 생산 후 반응까지 모두 예측하는 것은 아니므로 수학적 진리와 같이 지향과 충족의 일치를 완벽하게 이루어 내지는 않겠지만, 대체로 기댓값에 근거해 주어지는 대상이라는 점에서 특정한 방식으로 대상화되고 특정한 체계에서 통용되는 공통의 어떤 법칙 아래 나타나는 현상일 것이다.

이처럼 그 텔레비전은 특정하게 기획된 기술이나 개념망 안에서 조직되고 지향된 대상으로 의미를 부여받는다는 점에서 공통법칙의 현상으로 간주되며, 상대적으로 그러한 지향보다 빈약한 직관으로 인해 "직관의 결여가 개념으로 하여금 현상 과정 전체를 통제할 수 있게 해 주기 때문에 … 빈약한 현상들의 확실성 정도와 (적어도 접선적으로) 비교할 만한 수준의 확실성에 도달할 수 있다. 이렇게 공통적 현상은 대상성을 따라 완성될 수 있다"(Marion, 2013: 366).

빈약한 현상이나 공통법칙의 현상이 공유하는 특성이 있는데, 바로 이 현상들이 나 또는 공동체의 지향에 상응하는 방식이나 그것을 넘어서지 못하는 방식으로 주어지는 현상이라는 점이다. 다시 말해 빈약한 현상과 공통법칙의 현상은 내가 앞서 보거나 특정하게 조직된 체계가 앞서 기획할 수 있는 방식 안에서만 주어진다. 결국 이것들은 다음과 같이 요약된다. "a) 빈약한 현상들과 b) 공통법칙의 현상들에서는 지향과 개념이 그 직관을 미리 보고, 직관의 결여를 보완하며, 주어짐을 한정 짓는다."(Marion, 2013: 371)

포화된 현상 또는 역설

하지만 포화된 현상은 이와 다르다.

> 포화된 현상들은 직관이 항상 지향의 기대를 압도하고, 주어짐이 현시를 완전히 투여할 뿐 아니라 그것을 초과해 그 공통적 특성을 수정한다. 이러한 투여와 수정으로 인해, 우리는 포화된 현상들을 역설이라고도 부른다. 역설의 근본 특징은 직관이 개념이 정리할 수 없는 초과를 펼치고, 이런 점에서 지향은 이를 앞서 볼 수 없다는 데 있다. 이제 직관은 더 이상 지향을 따라 그리고 지향에 매여 있지 않고, 그로부터 해방되어 자유로운 직관(*intuitio vaga*)으로 세워진다.… 따라서 현상의 가시성은 지향에 역행해 출현한다. 이에 역설, 역출현, 의도에 반하는 가시성이 생긴다.(Marion, 2013: 370)

포화된 현상은 말 그대로 직관적 주어짐이 과도해 내 지향적 시선의 기대로 충족할 수 없게끔 주어지는 현상을 뜻한다. 마리옹은 여기서 역설이라는 말의 의미를 풀이하면서 포화된 현상을 역설로 이해할 수 있다고 제안한다. 역설 곧 'paradoxe'는 그리스어 'δόξα(doxa)'를 어원으로 삼는다. 여기서 'para-'라는 접두어는 '반대' 또는 '반하여'라는 의미다. 그러므로 역설로서 포화된 현상은 내 기대에 반하여 주어지는 것을 말한다. 또한 'δόξα'는 현상의 특성을 매우 잘 보여 주는 말인데, 후설은 일찌감치 현상에 대한 원초적 수용을 'Ur-doxa', 곧 '원초적 억견', '근원-억견'으로 표현한 바 있다(Husserl, 1976: §107 참조).

전통 철학에서 억견은 지식의 차원에 이르지 못한 채 우리에게 어떤 믿음으로 자리 잡은 것을 뜻한다. 즉 현상은 애당초 개념화되는 지식이라기보다 지식의 원초적 소재 역할을 하는 것의 나타남 또는 주어짐이다. 만일 포화된 현상을 역설로 간주한다면, 우리는 이를 우리의 기대에 반하여 일어나는 압도적인 주어짐 또는 주어진 것이라고 부를 수 있다. 또한 고대 철학에서 억견이 보통 추론적 인식의 대상이 아니었다는 점을 떠올려 본다면, 우리는 그것을 개념화되기 이전의 어떤 것으로도 간주할 수 있을 것이다.

그렇다면 포화된 현상은 지식 또는 진리가 아닌가? 그

렇지 않다. 마리옹에 따르면 우리에게는 개념화된 것, 개념으로 포착된 것만을 지식으로 간주하는 습속이 있다. 하지만 우리의 지향적 기대를 충족하지 않는다고 해서 진리가 아닌 것은 아니다. 오히려 내 기대에 반하여 나타남으로써 내 인식 범주를 초과하고, 내가 이전에 보지 못한 것을 보게 이끎으로써 새로운 어떤 것을 받아들이게 하고 이에 반응하게 하는 진리가 나에게 일어난다고 보아야 한다. 한 예로 레비나스는 얼굴의 마주함을 진리의 사건으로 명명하기도 한다. 그런데 이때 진리는 명제적·인식론적 진리가 아니라 칸트에게서 엿볼 수 있는 도덕적 의미의 진리다. 타인의 얼굴을 마주함으로써 내가 타인의 부름에 응답하고 책임을 지는 도덕적 선함으로 이끌리는 것 자체가 바로 진리의 의미를 새로운 방식으로 성취한다. 마리옹 역시 타인의 얼굴이라는 포화된 현상을 기술하면서 이런 식의 관점을 취한다. "따라서 이 역설은 이전의 경험을 통해 이성적으로 앞서 볼 수 있는 것과 모순을 일으킨다는 사실을 제외하면 의심할 여지 없이 진리의 영역에 속한다."(Marion, 2013: 370-371)

그러면 이제 쟁점은 이 포화된 현상이 구체적으로 무엇인지, 어떻게 그것이 현상학적으로 기술되는지다. 이에 마리옹은 칸트의 범주를 따라 포화된 현상을 양, 질, 관계, 양태라는 네 가지 유형으로 제시한다. 이 맥락에서 마리옹이 왜 굳이 칸트의 범주 이해를 가져와야 했는지에 대해서는 의구심이 남는다. 아마도 마리옹은 칸트를 원형-현상학자처럼 여기고, 직관과 개념의 결합을 따라 인식의 모형을 정립하는 이 쾨니히스베르크 출신 현자의 사유가 나름 현상학적 진리론을 선취했다고 보는 것 같다. 마리옹은 주어진 직관을 개념적 판단으로 이행시키는 데 핵심 계기가 되는 범주에서 초과가 일어날 때 어떤 일이 일어나는지 기술하면 포화된 현상을 분류할 수 있다고 생각한다. 하지만 나는 셰인 매킨레이(Shane Mackinlay)의 다음과 같은 날카로운 지적에 동의한다. "마리옹은 칸트의 범주표에 있는 네 가지 구분에 따라 포화된 현상의 가능한 종류들을 상세히 설명하지만, 이 특정한 구성 틀을 선택한 이유에 대해서는 전혀 설명하지 않는다. 이는 다소 놀라운 선택인데, 특히 많은 면에서 칸트의 미적 이념이 포화된 현상과 더 명백한 유사점을 드러낸다는 점을 고려하면 더욱 그러하다. 마리옹 자신도 칸트의 숭고에 대한 분석을 포화된 현상의 예로 인용할 때 이를 인식한 듯하다.… 실제로 마리옹이 다양한 유형의 포화된 현상을 설명하는 과정에서 일부 유형들은 그것들이 대응해야 할 것으로 여겨지는 일군의 범주와는 상당히 동떨어진 것처럼 보인다."(Mackinlay, 2010: 66)

매킨레이의 지적처럼 마리옹의 칸트 활용은 다른 데서 그가 보여 주는 섬세한 논증만큼 정교하지 못하다. 독자들은 이를 염두에 두면서 마리옹의 포화된 현상에 관한 기술과 논증을 고찰하면 좋을 것 같다. 그럼 한 유형씩 차례대로 살펴보자.

우선 마리옹은 양을 따라 포화하는 것을 '사건으로서의 포화된 현상'으로 간주한다. 역사적 사건은 우리에게 무수한 양의 정보를 가져다줌으로써 우리가 사건으로 주어진 현상을 일의적으로 개념화할 수 없게 한다. 1980년 5월 18일 광주민주화운동을 예로 들어 보자. 이 역사적 사건을 그저 민주화운동으로 개념화하기만 하면 모든 이해가 성취되는가? 그렇지 않을 것이다. 이 사건에는 쿠데타에 입각한 정치적 투쟁과 광주 희생양 삼기, 권력의 욕망, 동료 시민의 죽음에 대한 분노, 민주주의에 대한 헌신 등 다양한 측면이 들어 있다. 어마어마한 사건의 양 앞에 우리가 할 수 있는 것은 끊임없는 해석이지 개념적 판단이 아니다. 이에 마리옹은 말한다.

> 따라서 역사적 사건 유형의 역설에서 양에 따른 포화는 그 지평들(증언, 관점, 과학, 문학 장르 등)의 무한한 다양화를 보장하기 위해 단순히 끝없는 목적론만이 아니라, 특히 상호

객관성을 함축한다.… 이는 항상 재구성되어야 할 비(非)대상을 부분적으로 구성하는 주체들 간 합의와 불일치의 총체와 같으며, 비대상 즉 역설 자체에 의해 매개된 상호 주관성의 역사와 같다. (역사적이기 때문에 포화된) 사건의 해석학은 역사적 공동체를 생산하기에 충분하며, 그 완성 불가능성으로 인해 그 안에서 소통을 가능하게 한다.(Marion, 2013: 375-376)

사건으로 주어진 것은 일의적 개념화가 아니라 끝없는 해석을 일으킨다. 역사적 사건에 속한 이들은 그 사건의 역사적 지평들을 다양화하면서 다양하게 사건을 이해하고 해석하며 소통한다. 그 무한할 정도로 많은 양으로 인해 우리는 사건 앞에서 사건을 보고 해석하는 증인의 역할을 떠맡게 된다.

그다음으로 질적 포화가 있다. 마리옹은 이를 '우상'으로 정의하면서, 회화야말로 이 포화된 현상 또는 역설의 가장 탁월한 예시라고 주장한다. 마리옹이 드는 예는 다음과 같다. 미술관에서 단체 관람을 해 본 적이 있는가? 붐비는 사람과 날씨로 인해 지치기도 하고, 가이드의 설명도 귀에 잘 들어오지 않는다. 단체 관람객 중 한 명인 나에게는 그림에 대한 별다른 사전 지식이 없다. 그렇게 지루하게 시간을 보내던 중 어느 그림 한 폭이 시선을 사로잡는다. 나는 아무런 지식도, 예견도 하지 못하지만 지금 나에게 주어진 질적인 선과 면, 형태, 색감에 빠져 한동안 말을 잃고 어안이 벙벙한 채로 그 작품에 사로잡힌다.

> 회화가 수행하는 유사성은 본질상 우리가 (평범화하기 위해) 미학이라고 부르는 것의 영역을 가뿐히 넘어선다. 그것은 나의 자기성의 진리에서처럼, 곧장 근원적으로 순수한 현상성 안에 나를 기입하는 일과 연관된다.… 요컨대 우상은 내 욕망과 소망을 벌거벗겨 버린다. 내가 응시하는 그 보이는 것이 내가 누구인지 결정한다. 나는 내가 응시할 수 있는 그것이다. 내가 경탄해 마지않는 그것이 나를 판단한다.(Marion, 2001/2020: 73/114-115)

말하자면 나는 방관적인 관람자에서 그림 속에 묘사된 것, 현실을 반영하고 닮아 있지만 현실로 환원되지 않는 묘사와 색감에 시선을 빼앗긴 응시자, 감상자가 된다. 마리옹은 회화의 이런 특징을 설명하면서 감상자로서의 '나'가 유아론적 자아로 설정된다고 주장한다. 우상으로서 포화된 현상 앞에서 나는 다른 방문자들과 동일하지 않으며, 완전히 개별화된다. 우상으로서 회화에 현혹된 나는 오로지 그 우상 앞에서 개별화된 나이기 때문이다.

> 우상의 직관적 주어짐은 우리로 하여금 끊임없이 시선을 바꾸도록 강요한다. 그것의 견딜 수 없는 눈부심을 직면하기 위해서라도 말이다. 우상의 경우, 우리는 앞의 포화된 현상과 본질적으로 구별되는 점을 주목해야 한다.… 우상은 유아론을 불가피하게 유발한다. 실제로 그림이 나를 보도록 소환하고, 특히 내가 지평과 개념의 변화 리듬에 맞춰 그것을 다시 보아야 하므로, 그것은 오직 나에게 일어남으로써만 즉 나를 근본적으로 개별화함으로써만 자신[존재가 아닌, 우상에 의한 각자성(*Jemeinigkeit*)]을 보여 준다.(Marion, 2013: 377-378)

이처럼 질적으로 포화된 현상인 우상, 곧 회화는 내 시선을 빼앗아 나를 그림 앞에서 시선을 빼앗기고 경탄해 마지않는 한 사람의 응시자로 개별화한다. 이런 우상 앞에서 나는 개별화된 방식으로 그 그림을 파악하고 일의적으로 의미화하거나 대상화하지 못한 채로, 어떤 식으로건 이를 이해하려고 해석의 나래를 펼칠 뿐이다.

그다음으로, 관계를 따라 포화된 현상이 있다. 이것은 다름 아닌 살(chair)이다. 미셸 앙리(Michel Henry)의 '살의 현상학'에 영향을 받아 기술되는 이 대목에서 마리옹은 살을 다른 모든 관계를 벗어나 나를 절대적인 것으로 촉발하는 현상으로 간주한다.

한 예로 고통이나 쾌락에서 일어나는 살의 체험을 보자. 내가 병원에 가서 내 고통을 의료진에게 말해야 할 때가 있다. 이것은 치료적 목적을 위해 내 고통을 수치화하는 효율적인 일이다. 의료진은 나에게 1~10 중에 숫자 하나를 선택해 고통의 정도를 표현해 보라고 한다(이는 실제로 의료현장에서 사용하는 방법이다). 나는 그렇게 수치화될 수 없는 내 질병의 통증 정도를 어떤 식으로건 숫자로 표현한다. 이는 분명 유용하지만, 내 고통을 오롯이 나타내지는 못한다. 질병의 고통, 통증은 오로지 내 안에서만, (물리적 대상이나 객체가 아니라) 내 현상학적 신체인 살의 체험으로 나에게만 주어지는 것이기 때문이다.

> 살은 고통과 아픔 속에서 그리고 욕망, 감각 또는 오르가즘 안에서 이렇게 스스로 촉발된다(s'auto-affecte). 이러한 정서들이 신체에서, 정신에서 혹은 타인으로부터 오는지 묻는 것은 무의미하다. 원초적으로 살은 항상 먼저 자기 안에서 그리고 자기에 의해 스스로 촉발되기 때문이다. 따라서 기쁨, 슬픔, 사랑의 명증성(엄청난 위력) 또는 생생한 기억(프루스트) 그리고 더 나아가 양심의 부름이나 무(無) 앞에서의 불안

(하이데거), 공포와 전율(키르케고르), 요컨대 일반적으로 누멘(신성, 단 어떤 초월성도 부여하지 않는다는 조건에서)은 살과 그 고유한 내재성에 속한다.(Marion, 2013: 379)

이처럼 자기촉발로서의 살은 절대적(absolu)이다. 프랑스어 'absolu'의 어원인 라틴어 'absolvere'가 함축하는 바로 그 의미에서 절대적이다. 'ab-'(떨어져서, ~로부터)+'solvere'(풀다, 해방하다)라는 어원적 의미에서 볼 때 '절대' 또는 '절대적'이라는 말은 다른 모든 관계에서 풀려나 있거나 떨어져 있음을 뜻한다. 즉 살의 체험은 모든 관계를 초과하는 체험으로, 다른 모든 관계가 내 살의 자기촉발을 대신할 수 없다는 점에서 절대적으로 내 체험이다. 이 점에서 마리옹은 앞선 두 현상과 살의 포화된 현상을 구별한다.

두 가지 점이 살 유형의 포화된 현상을 특징짓는다. 첫째, 우상과는 달리, 그렇지만 아마도 역사적 사건처럼, 이는 제대로 응시할 수도 심지어 그저 볼 수조차 없다. 자기촉발의 직접성은 지향성의 탈자가 가능해질 수 있는 공간을 막는다. 둘째, 역사적 사건과는 달리, 그렇지만 분명 우상보다 더 근본적으로, 살은 유아론을 유발하고 요구한다. 왜냐하면 살은

> 정의상 나의 것, 대체 불가능한 것으로 남기 때문이다. 그 누구도 (내 자리에서 그런 식으로 할 수 있다고 해도) 나를 위해 즐기거나 고통받을 수 없다. 나의 각자성은 … 나의 살 그 자체와 관련된다.… 역사적 사건이 불러일으키는 상호 객관성과는 달리, 우상이 내게 요구하는 무한한 재검토보다 더 근본적으로, 곧 살은 자신을 줌으로써만 자신을 보여 준다.… 살은 나를 나 자신에게 준다.(Marion, 2013: 379-380)

요컨대 살의 체험이라는 포화된 현상은 우상보다 더 유아론적인 체험이다. 내 고통을 공유한다는 것은 최소한 원초적인 차원에서는 불가능하며, 살에서 느껴지는 것은 철저히 나에게만 주어지는 체험이기 때문에 살의 자기촉발은 근본적으로 유아론적이다.

네 가지 유형 가운데 마지막 유형은 아이콘이다. ≪존재 없는 신≫을 중심으로 마리옹의 신-담론을 살펴볼 경우 아이콘은 그리스도를 의미하나, 여기서 아이콘은 타인의 얼굴을 의미한다. 왜 타인의 얼굴이 아이콘인가? 이를 이해하려면 아이콘이 양태를 따라 포화된 현상이라는 점을 이해해야 한다. 양, 질, 관계와는 달리 양태라는 말은 곧장 이해되지 않는다. 여기서 마리옹이 사용하는 양태와 그 포화의 의미를 살펴야 하는데, 이 지점에서 그는 칸트에 의존한다.

칸트에게 양태의 범주들은 "그것들이 술어로 덧붙는 그 개념을 대상에 관한 규정으로서 조금도 증가시키지 않고, 단지 인식 능력과의 관계만을 표현할 뿐"(Kant, 1998: A219/B266)이라는 특성을 띤다. 감성에 주어진 대상에 양태의 범주를 적용하더라도, 즉 '가능', '현존', '필연'의 판단 술어를 부과하더라도 이는 대상에 대한 구체적 규정과는 관련이 없다. 말하자면 어느 것이 '가능적으로 있다', '현실적으로 있다', '필연적으로 있다'는 서술은 그 어느 것에 실재적·대상적 규정을 부과하는 것이 아니다. 그러므로 양태의 범주들은 주어진 것이 인식 능력과 관련된다는 점만을 표현한다.

그러므로 양태의 범주와 관련해서는 오직 주어진 것이 "인식 능력과 '조화를 이룬다'는 사실이 중요하다. 그리고 이 조화는 현상으로 인식되기 위해 절대적으로 필요하다"(Marion, 2013: 349). 칸트는 이 조화를 "사물의 개념이 일반적인 경험의 형식적 조건과 일치해야 함을 요구한다"(Kant, 1998: A225/B273)라는 말로 정리한다. 그러면 칸트에게 현상은 어떻게 이해되는가? 마리옹에 따르면 칸트에게 "현상은 그것이 경험의 형식적 조건들, 즉 그것들을 확정하는 인식 능력 그리고 궁극적으로는 초월적 자아 그 자체와 일치하는 한에서만 엄격하게 가능하다. 현상의 가능성은 궁극적으로 그것이 자아로 환원되는 것에 달려 있다"(Marion, 2013: 349).

그렇다면 양태에서의 포화는 곧 경험의 형식적 조건과 불일치하는 것, 내 인식 능력에서 초과를 일으키는 것, 더 정확하게는 나 또는 내 인식으로 환원되지 않는 현상을 말한다고 할 수 있다. 그러므로 아이콘으로서 "포화된 현상은 자아에 대한 모든 지시, 즉 양태 범주에서 벗어나 보이지 않는 것과 환원 불가능한 것의 측면에서 작용한다. 우리는 이 마지막 유형의 포화된 현상을 아이콘이라고 부를 것이다. 그것은 더 이상 어떤 볼거리도 제공하지 않고, 어떤 관객의 시선도 용납하지 않으며, 오히려 그것에 맞서는 자에게 역으로 자신의 시선을 행사하기 때문이다"(Marion, 2013: 380). 아이콘은 내가 아니라 다른 것인 타자에게서, 타자 시선의 주도권에서 비롯하는 현상이다. 이 현상은 내 시선을 역으로 규정하며, 왜상이라는 기법에서처럼 내가 타자의 시선에 부합해 타자를 따르도록 한다.

마리옹은 이 현상의 탁월한 예가 바로 타인의 얼굴이라고 본다. (다분히 레비나스적인 의미에서) 타인의 얼굴은 나에게 내 시선에 주어지는 것처럼 보이지만, 실은 나에게 부담으로 다가온다. 오히려 타인의 얼굴은 보이지 않는 것이다. 나는 타인의 얼굴을 내 시선을 따라 표상 또는 재현

하지 못하며, 오히려 그 얼굴의 부름에 종속되어 응답하는 자로 설정되기 때문이다. 보이는 얼굴은 보이지 않는 도덕적 명령으로 나를 끌어당긴다. 즉 아이콘으로서 포화된 현상은 보이는 것에서 보이지 않는 것으로 나를 이행시키는 주어짐/주어진 것이다. "타인은 나에게 부담을 준다. 엄밀히 말하면 그는 무게, 짐처럼 내 시선에 무겁게 느껴진다. 얼굴도 마찬가지다. 물론 타인은 그 얼굴을 통해 나에게 무언가를 할당하지만, 그것은 그 얼굴의 본질적인 보이지 않음을 이해하는 것을 조건으로 한다.… 이 얼굴은, 이 시선처럼, 나에게 볼 것을 주지 않는다. 그러나 그것은 나에게 무겁게 느껴짐으로써 자신을 준다."(Marion, 2013: 381)

타인의 얼굴이라는 현상을 접할 때 우리는 이 얼굴을 일의적으로 개념화하지 못한다. 그 얼굴은 도덕적인 혹은 또 다른 어떤 부름이나 명령을 안고 있을 수 있다. 마리옹은 레비나스를 따르면서도 레비나스와 달리 얼굴의 부름이 도덕적이기만 한 것은 아닐 수 있다고 본다. 그것은 실존론적이거나 종교적인 명령으로도 다가올 수 있다. 누군가는 타인과 얼굴 대 얼굴을 마주함으로써 자기의 실존에 대한 또 다른 이해의 지평 속에 들어간다. 또 다른 누군가는 그러한 대면 속에서 (그리스도를 마주한 니고데모처럼) 종교적 회심으로 들어갈지 모른다. 그런데 이 모든 사례는 하나

같이 내 초월적 주체의 지위를 격하한다는 공통점을 지닌다. 나는 나의 인식 능력을 발휘하는 것이 아니라 오히려 타인의 얼굴을 따라 나를 새롭게 이해하거나 행동하는 방향으로 나아가야 한다. 마리옹은 아이콘의 이 특징에 주목하면서 앞서 열거한 포화된 현상들의 특징을 포괄하는 더 특수한 특색을 아이콘에 부여한다.

> 아이콘은 마침내 놀라운 (혹은 오히려, 기대되는) 특징을 제공한다. 그것은 앞선 세 가지 유형의 포화된 현상들의 특징들을 모두 모아 내고 있다. 역사적 사건처럼, 아이콘은 지평과 이야기들의 총합을 요구한다. 타인은 객관적으로 구성될 수 없고, 무한히 도래할 수 있기 때문이다. 그러므로 아이콘은 목적론을 연다. 우상처럼, 아이콘은 무조건적인 지속의 방식으로 반복해 보이기를 요구한다. 따라서 아이콘은 (더 근본적인 방식으로) 우상처럼 그것을 마주하는 시선에 대한 개별화를 실행한다. 마지막으로 살처럼, 아이콘은 개별화를 수행하되 나에게 너무나도 근원적인 영향을 미침으로써, 이 나의 초월적 극의 기능을 상실하게 만든다. 그리고 이러한 정서(affection)의 근원성은 심지어 자기촉발(auto-affection)에 접선적으로 근접하게 만든다.(Marion, 2013: 382)

우리는 타인의 얼굴을 마주함으로써 보이지 않는 타인의 어떤 요구를 이해하고 이행해야 한다. 이 점에서 타인은 사건처럼 어떤 해석을 일으키며, 이는 새로운 이야기의 발생을 요한다. 또한 타인에게서 나는 단일하게 그 시선의 요구를 접하게 되므로, 나는 철저하게 개별화된다. 타인이 나에게 내리는 요구는 또 다른 이, 제삼자가 대신할 수 없는 어떤 명령이다. 그 명령 앞에 우리는 '내가 여기 있습니다!'라고 말할 뿐이며, 이 부름 앞에 나는 주격이 아닌 목적격이나 여격(datif)으로 개별화된다. 현상은 다른 누가 아닌 바로 나에게(à moi) 주어짐으로써 나를 개별화한다.

참고문헌

Gschwandtner, C. M.(2014). *Degrees of Givenness: On Saturation in Jean-Luc Marion.* Bloomington & Indianapolis, Indiana: Indiana University Press.

Husserl, E.(1976). *Ideen zu einer reinen Phänomenologie und phänomenologischen Philosophie. Erstes Buch: Allgemeine Einführung in die reine Phänomenologie(Husserliana III/1).* Schuhmann, K.(hrsg.). Den Haag: Martinus Nijhoff.

Kant, I.(1998). *Kritik der reine Vernunft* [1781; 1787]. Felix Meiner.

Mackinlay, S.(2010). *Interpreting Excess: Jean-Luc Marion, Saturated Phenomena, and Hermeneutics.* New York: Fordham University Press.

Marion, J-L.(2001). *De surcroît: Études sur les phénemènes saturés.* Paris: Presses Universitaires de France. 김동규 옮김(2020). ≪과잉에 관하여: 포화된 현상에 관한 연구≫. 그린비.

Marion, J-L.(2012). *Givenness and Hermeneutics.* Printed side-by-side in French and English. Lafouge, J.(trans.). Milwaukee: Marquette University Press.

Marion, J-L.(2013). *Étant donné: Essai d'une phénoménologie de la donation*(2e édition, "Quadrige"). Paris: Presses Universitaires de France.

Marion, J-L.(2016). *Givenness and Revelation.* Lewis, S. E.(trans.). Oxford, UK: Oxford University Press.

Visker, R.(2004). *The Inhuman Condition: Looking for Difference After Levinas and Heidegger.* Dordrecht: Kluwer Academic Publishers.

09
계시

아이콘은 사건, 우상, 살의 특성을 모두 함축하는 탁월한 포화된 현상이다. 그런데 마리옹은 이 셋에 더해 아이콘이 지닌 특징마저 아우르는 또 다른 현상을 발견한다. 바로 계시 현상이다. 마리옹에 따르면 포화된 현상의 특성은 계시에서 가장 탁월하게 밝혀진다. ≪존재 없는 신≫에서 일궈낸 마리옹의 고유한 신-담론과 종교철학은 바로 이 포화된 현상으로서 계시에 관한 기술에서 새로운 현상학적 활기를 부여받는다.

계시: 가장 탁월한 포화된 현상

계시는 사건, 우상, 살, 아이콘으로 분류되는 포화된 현상의 네 가지 유형에 속하지는 않는다. 하지만 마리옹에 따르면 계시는 이 네 가지 현상의 특성을 모두 아우르는 가운데 인식의 초과를 일으키는 탁월한 포화된 현상의 '가능성'으로 우리에게 주어진다. 왜 가능성인가? 철학자는 모든 이가 계시 현상을 경험할지 예측할 수 없다. 그러므로 계시 현상의 현상성은 가능성의 형태로만 남는다.

> 포화된 현상성의 최대치는 현상의 궁극적 가능성으로 남아야 한다. 최종적이지만 아직은 가능성의 형태로 말이다. 그런데 이 이중적이고 언뜻 보기에 모순되는 요구는, 우리가 지금부터 **계시**(*revelation*) 현상이라고 부를 것과 더불어 성취된다. 실제로 이는 주어진 것으로서 현상이 지닌 현상성의 마지막 가능한 변형이다. 계시 현상은 포화(일반적으로 역설)에 속할 뿐 아니라 네 가지 유형의 포화된 현상들을 그 자체로 집결시키며, 동시에 역사적 사건, 우상, 살 그리고 아이콘(얼굴)으로 주어진다. 이는 확실히 다섯 번째 유형의 포화다. 이는 처음 네 가지 (유일하게 기술 가능한) 유형에 (임의로 발명되어 '신적인 것'의 가정된 권리를 인정하기 위한) 새

로운 것을 추가하는 것이 아니라, 네 유형을 자신 안에 혼합하는 포화의 포화를 따라 이차적으로 현상성을 포화하기 때문에 그렇다.(Marion, 2013: 384-385)

이 인용문에 잘 나타나듯 계시 현상은 마리옹이 신적인 것을 드러내기 위해 추가한 것이 아니다. 오히려 마리옹은 계시 현상을 앞서 열거한 네 가지 포화된 현상의 특징을 함께 나타내는 또 다른 유형의 포화된 현상으로 간주한다. 그렇다면 쟁점은 이 계시 현상이 과연 어떻게 사건, 우상, 살, 아이콘으로서 포화된 성격의 특징을 함께 펼쳐 내면서 주어지는지다. 이에 마리옹은 성서를 재해석함으로써 그리스도교에서 신의 자기계시로 나타나는 그리스도의 나타남이 보이는 포화를 기술하는 방식으로 논증을 이어 간다.

우선 사건으로 주어지는 그리스도의 포화된 현상을 보자. "양의 측면에서 그리스도의 현상은 전적으로 예견 불가능한 사건으로 직관적으로 주어진다."(Marion, 2013: 388) 마리옹은 여기서 그리스도가 도래하는 방식에 주목한다. 신약성서에서 그리스도의 나타남은 적어도 우리 인간에게는 알려지지 않는 방식, 예견되지 않는 방식으로 주어진다. 이를테면 그리스도가 오는 "그 날과 그 시간은 아무도 모른다. 하늘에 있는 천사들도 모르고 아들도 모르고 오직 아버지만이 아신다"(마르코의 복음서, 13:32). 그리스도가 도래하는 사건은 우리가 예측할 수 없을 정도로, 우리의 인식 능력을 압도하는 미지의 것으로 주어진다. 그래서 마리옹은 이 사건 앞에서 현상학적 주체가 해야 할 일은 개념적 판단이 아니라 그저 깨어 있는 것 외에 없다는 독특한 이해를 제안한다. "이 예견 없는 기다림, 도래의 특징은 여기서 사건에 적합한 현상학적 태도[깨어 있음(veille)]를 정의한다."(Marion, 2013: 389) 이 또한 성서의 기술에 의존한 진술이다. "그때가 언제 올지 모르니 조심해서 항상 깨어 있어라."(마르코의 복음서, 13:33)

그다음으로 "그리스도의 형상은 그 본질적인 측면에서 역설적인 성격을 분명히 드러낸다. 왜냐하면 그 형상을 가득 채우는 직관은 현상학적 시선이 감당할 수 있는 것을 넘어서기 때문이다"(Marion, 2013: 389). 포화된 현상으로서 회화에서 체험되는 것처럼, 우리의 시선이 견딜 수 없을 정도로 강렬한 질적 나타남이 내 시선을 매혹하고 사로잡는다. 마리옹이 지적하는 예로서, 신약성서의 다음 구절은 그리스도의 질적 포화를 이렇게 진술한다. 산에 함께 올라 제자들 앞에 선 "예수의 모습이 그들 앞에서 변하고 그 옷은 세상의 어떤 마전장이도 그보다 더 희게 할 수 없을 만큼 새하얗고 눈부시게 빛났다"(마르코의 복음서, 9:2-3).

이렇게 빛나는 그리스도의 주어짐이라는, 우리가 시선으로 "견뎌 낼 수 없는 것이 청각과 시각의 차이를 넘어 일반적인 지각을 중단시킨다.… 이렇게 그리스도는 우상의 역설도 제대로 성취한다. 직관의 초과로 인한 시선의 포화는 그의 현상을 견딜 수 없게 만들고, 시야가 (가득 차서) 너무 충만하게 보이는 바람에 더 이상 보지 못하게 된다"(Marion, 2013: 390-391). 이런 식으로 그리스도의 포화된 현상은 질적 포화로서 우상의 역설을 성취한다. 그리스도는 어느 회화 작품 못지않게, 어쩌면 회화보다 더 우리의 시선을 압도한다. 즉 시선이 그 빛남을 견딜 수 없을 정도로 직관의 초과를 일으키는 방식으로, 우상으로서 포화된 현상의 특성을 아우른다.

아울러 그리스도의 나타남은 관계를 따른 포화인 살의 체험을 현상학적으로 입증한다. 마리옹은 이것이 고통 중에서도 가장 극한의 고통일 그리스도의 죽음에서 오롯이 드러난다고 본다. 그리스도의 죽음은 대상화할 수 있는 물리적 신체가 아니라 살의 체험 속에서 이루어지는, 그 누구도 그를 대신할 수 없는 고통의 현상이다.

> 그리스도의 죽음은 그의 가시성의 최고 형태를 제공한다.… 이 역설은 만약 우리가 그 안에서 살을 인식하지 않는

다면 이해할 수 없을 것이다. 살은 그것이 자신의 고통 속에서 더욱 근본적으로 자기촉발을 받을수록 그 자체로 더욱 명확하게 나타난다. 오직 살만이 고통받고, 죽으며, 따라서 살 수 있다.… 살의 역설이 그 자체로 자신을 촉발하는 것이라면 그것은 또한 어떤 관계에도 속할 필요 없이, 즉 절대적인 방식으로, 모든 지평 바깥에서 또는 그 너머에서 나타난다.(Marion, 2013: 391-392)

그리스도가 체험하는 살의 자기촉발, 그 탁월한 예로서 고통과 죽음 또는 다시 살아남의 자기촉발은 오직 그에게서 체험되는 것이다. 이 점에서 내 인식 지평을 벗어나 있다. 그렇다면 그리스도의 살 현상을 이해할 길은 아예 없는 것인가? 관계에서 포화된 현상, 절대적으로 오직 그리스도 안에서만 체험되는 현상을 이해할 길은 없을까? 마리옹은 그리스도의 살 체험이 고통스러운 죽음과 부활을 거쳐 우리에게 나타날 때 우리가 할 수 있는 바가 무엇인지 짚고자 한다. 그것은 분명 우리의 이해의 지평을 벗어나 있으므로 일의적으로 이해될 수는 없다. 하지만 우리는 그것을 하나의 지평으로 환원되지 않는 지평들의 다수성 안에서 이해한다. 이것이 바로 죽음과 부활에 관한 기술이 하나가 아니라 여럿인 이유다.

사도 요한의 진솔한 고백처럼 "예수께서는 이 밖에도 여러 가지 일을 하셨다. 그 하신 일들을 낱낱이 다 기록하자면 기록된 책은 이 세상을 가득히 채우고도 남을 것이라고 생각된다"(요한의 복음서, 21:15). 마리옹에 따르면 사도 요한의 고백에서 볼 수 있듯 "세계는 그리스도가 행한 일을 기술한 글들을 수용할 수 없다. 명확히 말해, 그리스도의 행위들은 글로 환원되어도 이 세계의 지평을 넘어서며, 이 세계에 속하지 않고, 다른 지평들과 다른 세계들을 요구한다"(Marion, 2013: 392). 그러므로 복음서의 기록이 여럿인 것, 그리스도의 삶 체험을 기술하는 것은 복수의 지평 아래 이루어질 수 없는 그것의 포화를 그 자체로 입증한다. 즉 그 어떤 관계에도 종속되지 않는 그리스도의 절대적 살은 우리의 기대에 반하여 나타나며, 우리는 그 살의 현현을 지속적으로 다르게 기술하고 달리 이해할 뿐이다.

이처럼 "성서 자체는 전통적으로 최대 네 가지의 동시적 의미를 인정한다. 최근의 주해는 이를 확인하며, 제한되지 않은 수의 다양한 문학 장르를 인정한다. 이 각각의 장르는 사실상 새로운 지평을 제공해 유일한 역설의 새로운 면을 수용한다"(Marion, 2013: 392-393). 이런 식으로 그리스도의 살 체험은 오늘날에도 새로운 방식으로 수용될 뿐이며, 우리는 여기 그리고 지금에도 무한하게 다양할 수 있는 지평들 속에서 다양하게 나타나는 그리스도 삶의 주어짐을 받아들인다.

마지막으로, 그리스도는 아이콘의 현상성을 성취한다. 그리스도는 사람들에게 나타날 때 얼굴로 나타난다. 이때 얼굴은 내 시선을 사로잡는 우상의 방식이 아니라 도덕적 명령을 수반한다. 예수 그리스도에게 어떻게 하면 구원에 이를 수 있는지 물으면서 그와 대면한 부자 청년은 역으로 도덕적 명령을 받는다. "예수께서는 그를 유심히 바라보시고 대견해하시며 이렇게 말씀하셨다. 너에게 한 가지 부족한 것이 있다. 가서 가진 것을 다 팔아 가난한 사람들에게 나누어 주어라. 그러면 하늘에서 보화를 얻게 될 것이다. 그러니 내가 시키는 대로 하고 나서 나를 따라오너라."(마르코의 복음서, 10:21) 곧 그리스도의 얼굴을 마주한다는 것은 단지 그 앞에서 황홀경을 느끼는 것이 아니라 내 시선이 펼치는 지향적 체험 지평을 넘어선 명령을 마주하는 것이다.

예수는 자신에게 온 부자 청년을 "바라보시고" 명령한다. 즉 내 시선은 그리스도의 시선이 역으로 나에게 향하는 것을 견뎌야 한다. 그리고 그 시선은 역으로 나에게 명령으로 다가옴으로써 나를 새로이, 그 명령을 수행해야 하는 자로 재규정한다. 이렇게 그리스도의 "시선은 누구에게나

무차별적으로 향하는 것이 아니라 각각 다른 타인인 이 사람 저 사람에게 다르게 향한다. 시선은 그렇게 자신의 보호 아래 두는 것을 인식하고, 정립하고, 개별화한다"(Marion, 2013: 394).

즉 그리스도를 마주함으로써 나는 초월적 주체가 아니라 그리스도의 명령을 듣고 전하고 실행해야 하는 증인이 된다. 이것이 바로 아이콘으로서 그리스도의 포화된 현상을 체험할 때 일어나는 일이다. 이 점에서 그리스도의 아이콘은 율법을 준수하는 것을 구원의 길로 여겼던 부자 청년(나)의 기대에 반하여 도덕적 명령을 부과하는, 내 기대 지평에 반하는 보이지 않는 것이 나에게 일종의 부담으로 부과되는 아이콘의 포화를 성취하는 효과를 일으킨다. 마리옹은 이를 다르게 또 탁월하게 "역지향성(contre-intentionnalité)"으로 표현한다. "또한 실제로 이러한 현상은 역지향성의 방식으로, 역으로 우리의 시선을 휩쓸어 버리는 데 이른다. 따라서 우리는 더 이상 초월적인 나가 아니라 자기에게 예기치 않게 도래한 것을 통해 구성된 증인이다."(Marion, 2001/2020: 136/200)

한 걸음 더 나아가 이 증인은 단지 명령을 듣고 수행하는 자로서만 있는 것이 아니라 해석자로서 지위를 갖는다. 마리옹은 다음과 같이 덧붙인다. 타인의 얼굴은 그 자체로 현시된 채 주어질 뿐 아니라 죽음으로 주어지기도 한다. 그리스도 역시 그 얼굴로 우리에게 나타나지만, 죽음으로 우리에게 주어진다. 그렇다면 아이콘인 그리스도의 얼굴은 없는가? 그렇지 않다. "타인의 얼굴이 죽음에 이르는 바로 그때 해석학이 종결되기는커녕, 끝없는 해석이 진정으로 시작된다. 이 해석학은 애도 작업을, 결코 지워질 수 없는 기억을 되새기기 시작하는 그 작업을 죽음의 순간에서부터 나타내기 때문이다."(Marion, 2001/2020: 148-149/217)

이처럼 얼굴은 우리 시선에 직접적으로 나타나지 않고 사라진다고 해도, 우리에게 아무런 과제를 남기지 않은 채로 없어지는 것이 아니라 해석이라는 과제를 새로이 명령처럼 부과함으로써 증인이 계속 증인으로서 역할을 감당하게 한다. 아이콘은 이렇게 보이지 않는 방식으로 지속해서 지평 너머로 또는 무한하게 다수화된 지평 아래서 일하도록 우리를 이끈다. 이 점에서 포화된 현상 앞에, 특히 계시 현상 앞에 선 자들은 "진리의 일꾼"으로 남는다. 곧 "증인으로 구성된 주체는 여전히 진리의 일꾼이지만, 자신이 그 진리의 생산자라고 주장할 수는 없다"(Marion, 2013: 355). 진리는 이미 계시의 현상으로, 더군다나 포화된 현상으로 주어졌고, 증인인 인간은 그것을 보고 수용하며 해석하는 자일 뿐이다.

간과된 해석학

우리에게 적합한 현상성의 여러 모형이 주어졌음에도 간과해서는 안 될 중요한 문제가 남는다. 기민한 독자들은 포화된 현상과 이 현상을 받아들이는 증인의 관계에 대한 논의에서, 해석의 과제가 증인이라는 진리의 일꾼에게 주어졌음을 알아차렸을 것이다. 그런데 해석은 주어짐을 수동적으로 받아들이는 일과는 괴리가 있다.

이 주제를 첨예화하기 위해 예를 하나 들어 보자. 내게 도움을 요청하는 흑인 여성이 있다. 흑인 여성이라는 것은 내가 마주한 그 타인의 삶에 중요한 맥락으로 작동한다. 더 구별해서 보자면, 검은 피부와 여성이라는 그 자신과 주위 세계의 맥락이 타인인 그와 어떤 방식으로든 결부되어 있다. 물론 이런 맥락이 타인을 완전하게 규정하는 것은 아니다. 레비나스에게서 보듯 우리는 그런 맥락과 무관하게 타인에게 부름을 받고 책임을 지는 자리로 소환될 수 있다. 하지만 루디 비스커(Rudi Visker)가 잘 지적했듯 누군가를 "전적으로 규정하는 맥락은 없다"고 해도 "이것이 … 맥락 없는 의미 작용이" 항상 지속해서 "있음을 말하는 것은 아니다"(Visker, 2004: 134). 어떤 경우, 심지어 윤리적 책임이 요구되는 사태에서도 우리는 특정한 맥락과 더불어 주어지는 타인을 이해하고 그렇게 주어지는 타인의 현상 앞에 선 자로서 책임을 져야 한다.

이런 사례에서 우리는 순수한 주어짐으로 환원된 현상의 부름을 받는 주체만을 상정하기보다는, 맥락 혹은 특정 세계의 지평 속에서 이해되거나 해석되어야 할 현상과 이 현상을 이해하며 해석하는 수용자로서 나에 대해 말해야 한다. 이러한 맥락에서 비스커가 말한 "사라질 수 없는" 맥락이라는 "형식을 필요로 하는 타인의 타자성에 대한 더 정확한 현상학적 기술"(Visker, 2004: 14)이, 그리고 어떤 해석학적 원리가 정립되어야 할지도 모른다.

마리옹이 제안한 우상, 즉 회화라는 포화된 현상과 관련해서도 우리는 이런 생각을 떠올릴 수 있다. 처음에 우리는 그림의 현상에 우리 시선을 빼앗길 수 있다. 하지만 그런 압도되는 경험 이후 우리는 그림을 더 잘 이해하기 위한 일련의 해석 작업으로 들어가고, 그림이 탄생한 맥락이나 내 해석 작업의 맥락이 마주치는 해석의 사태 안에 들어갈 수 있다. 크리스티나 그슈반트너(Christina Gschwandtner)의 말대로 "예술가의 작품과 역사, 당시의 맥락 그리고 그 해석의 역사 등에 대해 어느 정도 알고 있다면 그림을 더 충실히 감상할 수 있을 것이다. 실제로 그림은 우리를 압도할 수 있고, 새로운 해석은 항상 가능할 뿐 아니라 계속되어야 하지만, 분명 어떤 해석들은 다른 것들보다 더 나을 수 있다(그리고 몇몇 해석은 완전히 틀릴 수도 있을 것이다)"(Gschwandtner, 2014: 14).

물론 마리옹은 증인에게 해석의 과제가 있음을 말하고, 계시 이해에서 우리가 해석학으로 들어가야 한다고 인정했다. 그러므로 그슈반트너가 비판한 바를 마리옹이 완전히 도외시한 것은 아니라고 할 수 있다. 마리옹은 이 문제를 분명 인지하고 있고, 그에 대해 다양한 보충적 논의를 내놓는다. 이를테면 해석자로서 증인에 관한 논의가 마리옹에게서 분명히 나타난다. 그런데 이 논의는 마리옹으로 하여금 더 복잡한 길로 들어서게 한다. 증인의 해석학적 주체성은 무엇인가를 보고 들을 뿐 아니라 특정한 맥락 속에서 보고 들은 바를 증언하는 것이기 때문에, 증인은 어떤 이해와 분별, 객관적 검증의 자리로까지 나아가야 할지도 모른다. 그렇다면 포화된 현상 앞에 선 증인 또는 바쳐진 자는 더 이상 주어짐의 순수성이 아니라 구체적 맥락의 의미 연관 안에서, 리쾨르가 말한 설명과 이해의 변증법이라는 해석학의 과제를 떠안아야 할 것이다. 하지만 마리옹은 해석학의 필연성을 인정하면서도 이러한 해석학의 복잡한 과제를 적극적으로 껴안지는 않는다.

분명 마리옹은 현상학적 해석학의 도입을 긍정한다.

"주어짐의 현상학은 자신을 주는 것과 자신을 보여 주는 것 사이의 간극을 … 오로지 적절한 현상학적 해석학의 실천을 통해 관리해 내는 것이다."(Marion, 2012: 62-63) 그러나 마리옹은 최근에 포화된 현상의 주어짐으로 인해 일어나는 시선의 전환이 궁극적으로 내 해석의 틀마저 제한하고 규정해 버린다는 극단적 주장을 내놓는다. "계시는 해석학을 통해서, 즉 한 지향성에서 다른 지향성으로의 회심을 통해서 나에게 일어난다."(Marion, 2016: 42) 우리는 이것을 전환의 해석학, 조금 더 신학적이지만 명료한 용어를 사용하자면 회심의 해석학, 회심을 통한 해석이라고 부를 수 있다.

그런데 만일 회심이 해석의 좌표를 설정해 버린다면, 이는 (마리옹 자신도 긍정적으로 수용하는) 하이데거와 한스게오르크 가다머(Hans-Georg Gadamer)의 현상학적 해석학의 전통과 어떻게 조우할 수 있을까? 과연 회심, 시선의 전환만으로 무수한 맥락의 의미 연관으로 이루어진 세계의 세계성 안에서 이해와 해석이 모두 전개될 수 있을까? 회심 이후 삶의 복잡성은 우리를 다시 무수한 맥락으로 밀어 넣지 않는가? 이런 점에서 마리옹의 주체성은 현상의 주어짐의 순수성과 맥락들로 짜인 세계의 세계성 사이에서 서성이고 있는 것처럼 보인다. 혹은 계시와 관련해서 보자면, 마리옹은 세계의 문턱에서 머뭇거리며 그곳으로 계시와 더불어 들어가기를 주저하고 있는 듯하다. 특히 마리옹은 계시와 관련해 다음과 같은 파격적 관점을 서슴없이 내비친다. "이 실제적 힘은 어디에서 나오는 것일까? 그 사실로부터, 이 로고스 안에서, 지향성의 왜상을 따라, 곧 마음의 회심을 따라, 갑작스럽게 시선은 자신을 드러내는 신비를 본다."(Marion, 2016: 67)

순수한 주어짐으로서 계시는 회심을 요구한다. 더 나아가 계시는 마리옹에게 신비로 이해된다. 다른 포화된 현상도 그러면 (일종의 비종교적) 회심을 요구하는 신비의 특성을 지니는 것이 아닐까? 이러한 신비적 회심은 해석학에서 말하는 지속적인 이해와 해석 과정과는 다른 성격을 지닌다. 또한 그것은 꼼꼼한 해석학적 선별 작업보다는 매혹과 사로잡힘에 가깝다. 다만 이러한 접근은 해석학과의 거리를 더욱 벌리는 결과를 초래한다.

참고문헌

Gschwandtner, C. M.(2014). *Degrees of Givenness: On Saturation in Jean-Luc Marion.* Bloomington & Indianapolis, Indiana: Indiana University Press.

Marion, J-L.(2001). *De surcroît: Études sur les phénemènes saturés.* Paris: Presses Universitaires de France. 김동규 옮김(2020). ≪과잉에 관하여: 포화된 현상에 관한 연구≫. 그린비.

Marion, J-L.(2012). *Givenness and Hermeneutics.* Printed side-by-side in French and English. Lafouge, J.(trans.). Milwaukee: Marquette University Press.

Marion, J-L.(2013). *Étant donné: Essai d'une phénoménologie de la donation*(2e édition, "Quadrige"). Paris: Presses Universitaires de France.

Marion, J-L.(2016). *Givenness and Revelation.* Lewis, S. E.(trans.). Oxford, UK: Oxford University Press.

Visker, R.(2004). *The Inhuman Condition: Looking for Difference After Levinas and Heidegger.* Dordrecht: Kluwer Academic Publishers.

10
마리옹의 세 가지 면모와 가톨릭적 지향

철학자 마리옹에게는 세 가지 면모가 있다. 데카르트 연구를 위시한 형이상학 철학사가, 탈형이상학적 신-담론의 주창자, 주어짐의 현상학을 제안한 현상학자의 면모가 그것이다. 한편 현재 마리옹은 가톨릭적 학자로서의 입지를 강화하고 있는데, 여기에는 일정한 명과 암이 공존한다. 마리옹의 세 가지 면모가 오늘날 어떤 식으로 그의 철학적 행로 속에 수렴되고 있는지 살펴본다.

세 가지 면모

지금까지 간략하게나마 마리옹의 철학 전체를 개괄했다. 이제 마지막으로 마리옹이 지닌 철학가적 면모의 위상을 살피면서, 다시금 그가 정초한 주어짐의 현상학의 독창성을 강조하며 논의를 갈무리하려 한다.

마리옹에게는 데카르트 연구를 위시한 형이상학 철학사가, 탈형이상학적 신-담론의 주창자, 주어짐의 현상학이라는 새로운 현상학을 제안한 현상학자의 면모가 있다. 이 가운데 우리는 주로 세 번째, 마리옹의 현상학적 논의에 초점을 맞추었다. 주어짐의 현상학이야말로 마리옹의 가장 독창적인 철학적 성과이기 때문이다.

마리옹이 형이상학의 역사가로서 남긴 업적은 분명 대단하지만, 이것만으로 마리옹에게 독창적 철학자라는 지위를 부여하기란 쉽지 않다. 형이상학 사가(史家)로서 면모를 지나치게 강조하는 것은 오히려 마리옹을 데카르트와 근대 형이상학 연구자라는, 프랑스 강단 철학계 안에서만 돋보이는 위상에 가둘지도 모른다. 물론 이 면모는 마리옹 철학의 시작이자 그의 철학적 방법론 혹은 접근 방식의 중심을 이룬다. 여기서는 지면의 한계상 충분히 다루지 못했지만, 자신의 고유한 주장을 뒷받침하는 철학사적 전거를 제시하는 작업과 새로운 철학사 해석에 기반한 독특한 논증 방식은 마리옹의 현상학에서도 쉼 없이 펼쳐진다. 이 점에서 형이상학 사가라는 특색은 분명 마리옹에게서 간과될 수 없는 중요한 면모다.

하지만 마리옹에게 맨 처음 세계적인 철학자 또는 신학자로서 위상을 부여한 업적은 철학적 신-담론이다. 사실 여기에는 프랑스의 독특한 상황이 깔려 있다. 마리옹이 촉망받는 철학자로서 주목받다가 소르본대학교에 취임해 강단 철학계의 중심에 서는 과정을 돌아보면 우리는 그의 신-담론과 관련해 다소간 기묘한 사실에 직면한다. ≪존재 없는 신≫이 처음 프랑스에서 나왔을 때 나름 큰 반향을 일으킨 것은 사실이지만, 사실상 이 작품은 철학적 성과로 인정받지 못했다. 라이시테(laïcité)로 불리는 프랑스 사회의 세속주의 원리, 좁게 말하자면 정교분리 원칙은 대학교 문화와 제도에서도 강고하게 작동한다. 그래서 ≪존재 없는 신≫은 엄청난 철학적 역량과 통찰을 보여 주었음에도 마리옹이 프랑스의 여러 대학교 '철학과' 교수로 취임하거나 이직할 때 주요 실적으로 인정받지 못하기도 했다. 마리옹이 철학자로서 제출한 실적은 데카르트를 위시한 형이상학 연구 결과들로 국한되었다.

이 점에서 마리옹이 일찍이 미국에서 활동한 것과 그의

저술이 영어로 빠르게 번역된 것이 그의 철학의 독창성을 세계적으로 알리는 데 큰 역할을 한다. 미국의 대학교는 프랑스의 대학교와 달리 일반 대학교 내에 신학부나 종교학부가 함께 자리하는 경우가 많다. 마리옹이 근무한 시카고대학교가 그렇고, 하버드대학교, 듀크대학교, 예일대학교, 포덤대학교, 보스턴칼리지, 드폴대학교 등 그런 사례는 무수히 찾아볼 수 있다. 특히 미국의 사립대학교는 그들만의 종교 전통을 기반으로 삼고 학교 커리큘럼에 녹여 내는 데 아무런 거리낌이 없다. 비록 젊은 학생들은 그런 종교적 전통이나 정신에 무관심한 채로도 학교생활을 할 수 있지만, 적어도 철학과 신학을 가로지르는 학자에게 이런 미국의 환경은 조금 더 제약 없이 자신의 생각을 펼치게 해 주는 장이 되었다. ≪존재 없는 신≫의 논의는 미국 대학교와 학계에서 아무런 제약 없이 논의될 수 있었고, 이른바 탈형이상학적 신-담론이 마리옹의 논의와 더불어 확산되는 움직임까지 일어나게 된다. 이런 환경 속에서 ≪존재 없는 신≫이 영어권에서 널리 회자된 것은 마리옹을 세계적인 종교철학자로 만들어 주기에 충분했으며, 그의 독창성이 학계에 자리매김하게 해 주었다.

하지만 이 역시 어디까지나 종교철학에 국한된 성과였다. ≪존재 없는 신≫에도 분명하게 반영되어 있는 마리옹의 프로토타입 형태의 현상학은 현상학 삼부작, 즉 1989년에 출간된 ≪환원과 주어짐≫, 1997년과 2001년 각각 출간된 ≪주어진 것≫과 ≪과잉에 관하여: 포화된 현상에 관한 연구(De surcroît: Études sur les phénemènes saturés)≫를 통해 주어짐의 현상학이라는 독창적 현상학을 정립하는 데까지 나아간다. 이 현상학은 후설과 하이데거를 거쳐 레비나스와 미셸 앙리로 이어지는 현상학의 계보에서 현상의 주어짐을 가장 극단적으로 강조하는 형태를 취하면서 새로운 현상학적 사유의 돌파구를 마련하는 성과를 낳는다. 마리옹은 기존 현상학이 형이상학이나 존재론의 형태를 벗어나지 못해 현상의 주어짐을 지속적으로 존재나 유사-존재와 같은 특정한 형이상학적 원리에 기반해 사유했다고 비판한다. 그러면서 그러한 원리에서 해방된 현상의 주어짐, 오직 현상학의 논리에만 충실하도록 현상의 주어짐만이 현상학의 최종 원리로 작동하는 현상학적 사유를 제안했다. 이것은 그 자체로 종교철학도 아니고 철학사 연구에 국한된 연구도 아니며, 현상학을 통해 형이상학 중심의 사유를 탈형이상학적 사유로 이행시키는 독특한 사유의 전개였다. 아울러 이것은 현상의 주어짐을 극단적으로 강조할 뿐 아니라 마리옹이 이전에 일군 종교철학적 성과를 확장했다. 계시의 주어짐을 가장 탁월한 포화된 현상의 가능성 또는 범례로 제시함으로써 철학의 한계 안에서 계시의 의미를 새롭게 기술하기도 했다.

이 점에서 나는 주어짐의 현상학이 마리옹의 철학적 사유가 지닌 고유함을 가장 잘 보여 주는 그의 철학적 양상이라고 생각한다. 단, 여기서 더 주목해야 할 점은 현상학 삼부작 출간 이후 현재까지 마리옹이 보여 주고 있는 가톨릭적 행보다.

마리옹과 가톨릭

마리옹의 철학적 신-담론은 프랑스 철학계에서는 제대로 인정받지 못했다. 또한 마리옹은 여러 자리를 통해 자신은 기본적으로 철학자이고, 신학자가 아니며, 심지어는 가톨릭적 철학자도 아니라고 항변했다. 실제로 가톨릭 철학자라는 것이 마리옹 자신에게 어떤 의미인지 묻는 질문에 그는 단호하게 이렇게 대답했다.

> 아니요. 하이데거가 말했듯이, 가톨릭 철학은 개신교 수학이 존재하지 않는 것과 마찬가지로 존재하지 않습니다. 가톨릭 신자인 정육점 주인이 있는 것처럼, 철학을 하는 가톨릭 신

자들이 있을 뿐입니다. 진짜 문제는 그들이 좋은 정육점 주인인지, 좋은 금속 노동자인지, 좋은 소방관인지 또는 좋은 철학자인지입니다. 내가 그다지 부끄럽지 않은 경력을 가질 수 있었다고 가정한다면, 그것은 내가 가톨릭 철학을 했기 때문이 아니라 그 철학이 그리 나쁘지 않았기 때문일 것이며, 이로부터 나는 큰 만족을 얻습니다. 그리고 우연히도 나는 가톨릭 신자가 되려고 노력합니다. 노력한다고 말하는 이유는 내가 실제로 노력하고 있기 때문입니다. 나는 여기에 전념하고 있으며, 천천히 더 나아지기를 소망합니다.(Marion, 2012: 284-285)

마리옹이 말하듯 그는 우연히 가톨릭 신자로 자라게 되었다. 신자가 된 다음 마리옹은 우연히가 아니라 의도적으로 제2차 바티칸 공의회 이후의 새로운 신학을 습득하면서 자신의 철학 속에 그것을 녹여 내기도 했다. 하지만 마리옹은 가톨릭 철학을 한 것은 아니며, 한 사람의 신자로서 좋은 철학을 하기를 원했다. 이 소박하면서도 겸허한 고백을 전부 받아들이기는 어렵다. 물론 마리옹이 과거의 철학처럼 가톨릭 철학 또는 그리스도교 철학을 노골적으로 수행하거나 그리스도교적 신앙 체계에 부합하는 종교철학을 하려고 하지는 않았다. 그러나 우리 시대의 또 다른 저명한 철학자 찰스 테일러(Charles Taylor)도 수상한, 가톨릭계 학자에게 최고의 영예라 할 수 있는 라칭거상을 수상한 데서 볼 수 있듯, 마리옹은 바티칸으로부터 가톨릭의 학문적 발전에 이바지한 공로를 인정받고 있으며 그 스스로도 이를 크게 자랑스러워한다. 이는 단지 자부심에만 그치지 않고 가톨릭 신앙에 대한 일종의 변증적 시도로까지 이어진다. 이런 맥락에서 마리옹은 말년에 이르러 학문적이거나 정치적인 차원에서도 조금 더 노골적인 형태로 가톨릭 신앙으로 회귀하거나, 이를 다소 지나치게 변증적인 태도로 강조하고 있는 듯하다. 물론 철학과 신앙은 무관하지 않고, 자기의 철학에 신앙이 반영되는 것은 어쩔 수 없는 일이며, 그러한 반영이 새로운 사유를 위한 계기로 작동할 수도 있다. 하지만 사회적·학문적·정치적 비전을 가톨릭적 프리즘에 따라 평가하는 것은 위험이 따르며, 이것이 과연 옳은지 혹은 그럴듯한 입장인지에 대해 평가가 이뤄져야 한다.

실제로 마리옹은 ≪가톨릭의 순간을 위한 짤막한 변론(Brève apologie pour un moment catholique)≫에서 프랑스 사회에 이바지할 수 있는 가톨릭적 계기가 있다고 설파했다. 물론 마리옹이 여기서 프랑스를 가톨릭 신앙으로 물들여야 한다는 식의 선교적 비전을 내놓는 것은 아니다. 가톨릭이 다분히 사회적 공동선의 증진을 위한 계기 역할을 할 수 있다고 말하는 정도다. 그러나 조금은 비판적으로 지켜봐야 할 부분이 있는 것도 사실이다. 한 예로 마리옹은 이렇게 말한다.

> 바로 이러한 이유로, 오늘날 **가톨릭의 순간**이 도래할 가능성이 보인다. 내 말을 신중히 이해해 달라. 이는 모든 사람이 가톨릭 신자가 되도록 명령받는 순간에 대해 말하는 것이 아니다(인간적으로 말해서 이는 심각하지도 바람직하지도 않은 가설이다). 우리는 **가톨릭의 순간**에 진입하고 있다. 우리가 중대한 순간에 진입하고 있기 때문이다. 프랑스 사회에서 보편성을 실현하는 공동체의 가능성이 작동하는 그 순간 말이다. 여기서 보편성이란 특정 집단 간의 갈등, 상충하는 이해관계, 이데올로기, 정체성 그리고 국가의 통일성을 위협하는 모든 것을 초월하는 것 일체를 의미한다. 이 보편성은 모든 곳에서 무너지고 붕괴하고 있다. 또는 최소한 문제적이고 불분명하며 희미해지고 있다. 이제 우리는 프랑스 사회가 유한하며, 무너질 수 있고, 영원한 약속을 품고 있지 않다는 것을 알고 있다. 누가 우리 사이에서 보편성을 재확립할 수 있을까? 이는 정체성의 문제가 아니다(정체성을 주장하거나 미친 듯이 찾는 것은 무엇보다도 그것을 잃을까 두려워하거나

이미 잃었다는 것을 증명한다). 그 대신 이는 한 국가에 친교의 문제다. 공동체는 오직 보편성 안에서의 친교를 통해서만 결속될 수 있다. 프랑스에서 누가 이 친교를 실현할 수 있을까? 모든 프랑스인이 그럴 수 있기를 희망할 수 있다. 하지만 그들 중 누가 자신과 타인을 위한 이 친교에 대해 가장 많은 경험과 실질적 지식을 가지고 있을까? 우리는 가톨릭 신자들이 이런 친교를 경험하고 있기를 희망해야 한다.… 그들은 프랑스 사회에서 보편성이 가장 결여된 순간에 특별하게 보편성을 짊어진 상태로 있다. 따라서 보편성의 순간은 무엇보다도 가톨릭 신자들의 책임이 된다.(Marion, 2017: 122-123)

이 발언이 보여 주듯 마리옹은 자신이 주로 거주하는 프랑스 사회를 복음화하려는 야심을 내비치지는 않는다. 다만 사회 통합에 가톨릭 신자들의 책임과 섬김이 필요하다고 보며, 이 책임과 섬김이 보편성의 증진으로 이어지리라고 기대한다. 그런데 사회 통합에 보편성이 필요하다고 인정하더라도, 보편성이라는 말은 다분히 오해의 소지가 있다. 또한 보편성이 사회의 연대에 필요하다고 하더라도, 그 보편성이 누구의 보편성인지 물어야 한다. 분명 종교는 사회의 통합이나 보편적 이해와 연대에 중요한 역할을 할 수 있다. 세월호 참사로 고통받는 유가족의 마음을 가장 깊이 위로한 이들 중 한 명은 당시 한국을 방문했던 프란치스코 교황이었고, 실제로 유가족 중 많은 이들이 그에게 감사를 표하고 그의 방문이 큰 위로가 되었음을 고백하기도 했다. 하지만 가톨릭적 순간은 누군가에게는 불편함과 부당함을 주는 순간일 수도 있다. 가톨릭 신자들이 사회가 이해하기 어려운 가톨릭 교리를 포기하지 않으면서 혹은 유보하지 않으면서 사회 통합을 위한 보편성의 증대를 이룩할 수 있을까? 여성의 소외나 낙태에 대한 완고한 가톨릭적 교리들이 보편을 증진하는 데 얼마나 유익할지 우리는 가늠할 수 없다. 이 점에서 마리옹의 태도가 과연 어느 정도 유의미한지 우리는 의심의 눈초리를 거둘 수 없다.

실제로 마리옹은 전통적인 가톨릭 교리에 대해 다소 지나친 수호적 태도를 보이기도 한다. 한 예로 여성 사제 서품에 대해 마리옹은 여전히 부정적 태도를 보인다. 한 대담자가 이렇게 물은 적이 있다. "그렇다면 여성 사제 서품 문제에 대해 더욱 주저하시겠군요, 그렇죠?" 이에 마리옹은 다음과 같이 답한다.

> 가톨리시즘(catholicisme)이 가부장적이라고요?… 페미니스트들이 내세우는 평등 요구는 세속적 영역에서는 의심할 여지 없이 정당하지만, 영적 영역에서는 혼란에 기반하고 있습

> 니다. 그들은 주교, 사제, 부제가 그들이 떠맡은 권력을 나눠 주기를 원합니다. 하지만 교회가 권력 행사에 기반한다고 가정하는 것은 종교에 대한 구시대적 개념일 뿐 아니라 신앙에 반하는 것입니다. 사제직은 여전히 봉사직(ministère)이지 교도권(magistère)이 아닙니다. 하지만 페미니스트들이 요구하는 것은 바로 교도권입니다. 주목할 만한 점은, 그들이 주장하는 평등이 결국 권력 욕구의 평등에 불과하다는 것이며, 이는 분명 교회의 소명과 생활을 배반하는 것입니다.… 이것은 남성들의 권력 남용과 다를 바 없는 또 다른 형태의 권력 오용을 공유하려는 시도라 할 수 있습니다.(Marion, 2021: 121-122)

페미니스트들이 시도하는 가부장제 비판과 가부장적 사회에 대한 개혁적·변혁적 활동에 대해서는 긍정하면서도, 교회에서의 개혁에 대해서는 왜 이렇게까지 부정적인지 의아하다. 교회의 가부장적 제도를 혁파하려는 여성 신자들 또는 그런 입장에 동의하는 남성들이 과연 단지 교회의 교도직에 참여하고 싶어서, 권력에 대한 탐심 때문에 그런 주장을 하는 것일까? 교회의 권력 이동이나 변화가 사회의 통합과 분리되어 있지 않으며 교회 역시 사회의 일부라고 할 때, 과연 여성 사제직에 대해 완고한 태도를 견지하는 것과 사랑과 섬김으로 사회의 보편성을 증진하려는 태도 사이에는 아무런 상충이나 모순이 없을까? 여성 사제직을 가톨릭교회에서 승인한다면, 이는 오히려 양성평등을 추구하는 사회의 통합과 보편성을 증진하는 데 이바지하는 사건이 아닐까? 여성 사제직에 대한 완고한 태도는 프랑스의 보편성이나 사회 통합을 오히려 저해하는 것이 아닐까? 이 점에서 마리옹이 말하는 가톨릭적 순간에 대한 변호가 얼마나 타당한지 의구심을 품지 않을 수 없다.

분명 교회와 종교의 역할, 특히 오랫동안 가톨릭 문화가 뿌리 내린 프랑스 사회에서는 가톨릭교회와 신자가 해야 할 역할이 제기되는 순간이 있고, 종교 간 갈등이나 충돌이 증폭되고 있는 지금 우리 시대가 바로 그 순간일지도 모른다. 하지만 전통 교리를 완고하게 고수하는 것은 가톨릭교회가 참여해야 할 바로 그 순간에서 교회와 신자를 더 멀리 떨어뜨리거나 잘못된 참여로 이끌 수 있다.

이러한 마리옹의 태도는 전통적 세속주의에 대한 반발로 이어지기도 한다. 마리옹은 프랑스 등에서 발현되는 지나치게 엄격한 세속주의에 대해서 비판적이다. 세속주의가 종교를 세속적 민주주의 사회의 걸림돌처럼 규정하는 것은 지나친 입장이라는 것이다. 물론 마리옹은 세속적 민주주의를 부정하지 않으며, 정부는 형식적으로 중립적이어야 함을 긍정한다. 단, 마리옹이 우려하는 것은 세속 국가의 문제를 종교 탓으로 치부하거나 종교의 생명력을 과도하게 무시하는 세속주의자의 태도다.

> 일반적으로 저는 온화한 태도를 유지하려고 노력하지만, 때때로 제 성미를 억제하지 못할 때가 있습니다. 그렇습니다, 인본주의를 가장한 어떤 세속주의가 있는데, 이는 불합리할 정도로 완고함을 보이며 저를 격분시킵니다. 그래요, 저는 마르셀 고셰(그리고 다른 이들)와 같이 지적인 사람들이 그들의 그릇된 확신이라는 무거운 짐에 발이 묶여 있다는 사실에 항상 놀라며, 이는 저를 짜증스럽게 만들어요. 네, 고셰가 그리스도교가 다른 모든 역사적 종교와 더불어 물질적 종말론에 속하는 민주주의의 보편적 지배를 위해 사라질 운명이라고 주장할 때, 저는 이 도식이 터무니없다고 판단합니다. 국가들과 제국들은 무너지고, 이데올로기들도 마찬가지며, 집단적 상상계에 대해서는 말할 것도 없습니다. 그들의 끈질긴 생존 의지는 그들의 예정된 종말에 아무런 영향을 미치지 못합니다. 그들의 영원에 대한 꿈은 그들의 무덤을 파는 것입니다. 확실히, 인간의 관점에서 보면, 교회는 존재하지 않아야 할 것입니다. 그러나 교회는 존재하며, 그것도 겪었던 수많은 박해의 물결 중 어느 하나로 인해 오래전에 사라져야

했음에도 불구하고 존재합니다. 교회가 사라지지 않고 오히려 지속적으로 자신을 갱신해 왔기 때문에, 적어도 이 세상에 속하지 않는 생명력을 인정해야 할 것입니다. 진실은 교회가 항상 자신의 수단 이상으로 살아왔다는 것인데, 이는 그 수단이 자신의 것이 아니라 성령의 것이며, 성령 없는 교회는 오래전에 묻혔을 것이기 때문입니다.(Marion, 2021: 110-111)

마리옹은 그리스도교를 마치 민주주의의 적처럼 생각하는 것이 온당치 못하며, 교회의 생명력은 세속주의자들의 편견보다 더 강하다고 믿는다. 이런 교회에 대한 신뢰는 마리옹의 신앙을 잘 보여 준다. 마리옹의 강한 신앙이 다소 불편하게 느껴지기도 하지만, 여기서 우리가 진지하게 생각할 수 있는 한 가지 통찰은 종교와 세속주의가 관성적으로 대립한다고 보는 관점이 그다지 매력적이지 않다는 것이다. 세속주의는 기본적으로 사상의 자유와 다양성을 긍정한다. 그리고 이 다양성 안에는 그리스도교만이 아니라 유럽에서 소수 종교인 이슬람이나 불교도 포함된다. 그들의 소멸을 진지하게 주장하는 것은 전투적 무신론으로 기울기 쉽고, 이는 사회적 연대나 통합에 부정적 영향을 끼칠 수도 있다. 마리옹의 말은 그리스도교 교회의 지속성을 강조한 것이지만, 이를 종교 일반에 대한 관점으로 확장해서 전유하면 우리는 종교를 적대시하는 세속주의보다는 종교의 긍정적 가치를 수용하는 후기-세속적 관점이 긍정적으로 고려될 필요가 있음을 이해할 수 있다.

마리옹의 교회에 대한 긍정은 과도해 보이지만, 그렇다고 그가 그리스도교 국가나 사회 등을 꿈꾸는 것은 아니다. 오히려 마리옹은 가톨릭교회가 문화나 사회에 적응해 가고, 불필요하게 정치적 영향력을 행사하는 것을 불편해한다. 이는 미국 가톨릭교회에 대한 비판적 관점에서 잘 드러난다.

> 가톨릭 신자들은 미국에서 가장 중요한 종교적 소수집단이자 그리스도교의 핵심입니다. 개신교도들이 수적으로는 더 많지만, 그들은 너무 분산되어 있어 그들의 신조가 정확히 무엇인지 알기 어렵습니다. 상당한 재산을 보유하고 본질적으로 체계적 조직을 갖춘 미국 가톨릭 신자들은 자신들 조직의 성공이 일종의 영적 우위를 나타낸다고 믿는 경향이 있습니다. 바로 여기서 문제가 발생합니다. 그들의 신앙고백은 형식화되어 있고, 지적 깊이가 부족하며, 주로 사회적 측면에 치우쳐 있어 너무 성공적인 문화 적응의 형태를 보이기에 오히려 비판의 여지를 남깁니다. 다른 미국인들처럼, 그들은

> 종교개혁에 영향받은 돈에 대한 관점을 가지고 있습니다. 부유하다는 것은 신의 뜻을 행하고 있다는 증거며, 그 역도 성립합니다. 원래 민주당 성향이었던 일부는 그들을 크게 결집해 보수 진영과 동일하게 만드는 낙태 문제로 인해 공화당에 가까워졌습니다. 이제 이런 특성들은 그들이 백인 앵글로색슨계 개신교 계열과 공유하는 공통점이 되었습니다. 사실상 그들의 진정한 경쟁자는 역사적인 개신교도들보다는 때로는 의심스러운 그리스도교적 관점을 가진 복음주의자들입니다.(Marion, 2021: 156-157)

이처럼 마리옹은 물질적 세속화나 정치적 이념화와 거리를 두는 가톨릭 신앙을 욕망하는 것처럼 보인다. 역설적으로 이런 보수적 신앙이 마리옹으로 하여금 오늘날의 그리스도교 우파나 도덕적 다수 운동에 빠지지 않고 그 나름의 중용의 신앙으로 나아가도록 이끄는 것처럼 보인다.

마리옹의 종교철학이나 현상학에서도 시간이 지날수록 가톨릭적 계기가 더 노골적으로 드러난다. 물론 이 자체가 잘못된 것은 아니다. 어쩌면 철학과 신학의 첨예한 구별이나 분리가 오히려 시대착오적인 태도일지 모른다. 둘 다 진리에 관한 물음을 다룬다는 점에서 양자가 언제나 첨예하게 갈리는 것은 아니다. 하지만 현상학적 중립성을 강조하는 마리옹 자신이 어떤 경우에는 신학적 전제에 대해 별다른 의문을 품지 않은 채로 현상학적 논증과 신학적 물음을 뒤섞는 경우가 있다. 이는 마리옹의 아우구스티누스 해석에서 뚜렷이 드러난다. 마리옹은 아우구스티누스에 대해 정말 탁월한 현상학적 해석을 보여 주면서도, 아우구스티누스의 무로부터의 창조에 대한 견해나 죄에 대한 그리스도교적 견해를 별다른 의심 없이 받아들이면서 논증을 펼친다. 물론 이러한 전제나 아우구스티누스의 의도를 완전히 괄호 안에 넣는다는 것은 불가능할지도 모른다. 오히려 그런 태도가 아우구스티누스의 의도에 가닿지 못하게 하는 결과를 낳을 수도 있다. 하지만 이 과정에서 일어나는 현상학과 신학의 충돌에 대해서는 조금 더 심도 있는 접근과 연구가 필요할 터인데, 마리옹은 이 논점은 회피하거나 그에 대해 별다른 문제의식을 느끼지 못하는 것처럼 보인다(Schrijvers, 2009; 김동규, 2022).

이런 측면을 놓고 볼 때 어쩌면 마리옹은 프란치스코 교황의 가톨릭 신앙보다는 베네딕토 16세의 가톨릭 신앙을 체화한 것처럼 보인다. 마리옹은 동의하지 않을 수도 있지만, "마리옹은 교황 베네딕토 16세 시대의 가톨릭 철학자"(Albertson, 2024)라는 평가도 있다. 이러한 평가는 마리옹이 보이는 가톨릭에 대한 지나친 낙관적 기대와 전통에 대한 집착에 근거할 것이다. 물론 이것만으로 마리옹의 철학적 성과를 폄훼할 수는 없다. 마리옹의 철학, 특히 그의 현상학은 가톨릭 신앙 너머에서도 영향력을 발휘할 잠재력을 띠고 있다. 다만 최근 들어 점점 더 짙어지는 마리옹의 전통 가톨릭 신앙을 향한 다소 보수적인 변증적 태도에 대해서는 비판적으로 접근해야 할 것이다.

참고문헌

김동규(2022). “진리의 초과, 주어진 자기: 마리옹의 아우구스티누스 해석에 대한 비판적 고찰”. ≪현상학과 현대철학≫, 95, 1–40쪽.

Albertson, D.(2024). Fraternity in Finitude: Emmanuel Falque and the future of Christian philosophy. *Commonweal Magazine*.

Marion, J–L.(2012). *La rigueur des choses: Entretiens avec Dan Arbib*. Paris: Flammarion.

Marion, J–L.(2017). *Bréve apologie pour un moment catholique*. Paris: Éditions Grasset & Fasquelle.

Marion, J–L.(2021). *À vrai dire: Une Conversation*. Entretien avec Paul–François Paoli. Éditions du Cerf.

Schrijvers, J.(2009). In (the) Place of the Self: A Critical Study of Jean-Luc Marion's “Au lieu de soi. L'approche de Saint Augustin”. *Modern Theology, 25*(4), pp. 661–686.

장뤽 마리옹(Jean-Luc Marion, 1946~)

프랑스의 철학자. 데카르트와 근대 형이상학에 관한 뛰어난 연구를 남겼다. 레비나스 이후 우리 시대의 가장 탁월한 현상학자 가운데 한 사람으로 인정받는다. 낭테르대학교와 소르본대학교, 파리고등사범학교에서 수학했으며, 푸아티에대학교, 소르본대학교, 미국 시카고대학교 등에서 가르쳤다. 지금도 보스턴칼리지 가다머석좌교수로 왕성하게 활동하고 있다. 데카르트에 관한 참신한 연구를 필두로 탈형이상학적 신-담론, 주어짐의 현상학 등 독창적인 자기만의 철학 세계를 구축했다. 이런 업적 덕에 프랑스 학술원 종신회원으로 선출되었고, 가톨릭 학계에서 가장 권위 있는 상으로 꼽히는 라칭거상을 수상했다.

김동규

총신대학교에서 신학을, 서강대학교 대학원에서 철학을 공부했다. 벨기에 루뱅대학교, 네덜란드 암스테르담 자유대학교에서 신학, 종교학, 현상학, 종교철학 등을 연구했다. 레비나스, 앙리, 마리옹 등 현대 프랑스 철학자들의 현상학을 주로 공부한다. 우리 시대 종교철학의 역할과 의미 역시 깊이 연구하고 있다. 주요 저작으로 ≪선물과 신비: 장-뤽 마리옹의 신-담론≫(2015), ≪미술은 철학의 눈이다≫(2014, 공저) 등이 있다. 옮긴 책으로는 마리옹의 ≪과잉에 관하여≫, 레비나스의 ≪윤리와 무한: 필립 네모와의 대화≫, 리처드 카니의 ≪재신론≫ 등이 있다.